资助项目：

国家社科基金青年项目（16CJL030、19CJL035）

国家自然科学基金青年项目（71703016）

河北省高等学校青年拔尖人才计划（BJ2018109）

河北省高等学校人文社会科学重点研究基地经费资助项目（JJJD1701）

U0507570

王韶华 张伟 著

京津冀能源强度的地区差异及协同降耗的路径分析

JINGJINJI NENGYUAN QIANGDU DE DIQU CHAYI
JI XIETONG JIANGHAO DE LUJING FENXI

中国财经出版传媒集团

经济科学出版社

Economic Science Press

图书在版编目（CIP）数据

京津冀能源强度的地区差异及协同降耗的路径分析/
王韶华，张伟著 . —北京：经济科学出版社，2019.6
ISBN 978 - 7 - 5218 - 0679 - 3

Ⅰ.①京… Ⅱ.①王…②张… Ⅲ.①节能 - 能源管理 -
研究 - 华北地区 Ⅳ.①F426.2

中国版本图书馆 CIP 数据核字（2019）第 134096 号

责任编辑：刘 莎
责任校对：王苗苗
责任印制：邱 天

京津冀能源强度的地区差异及协同降耗的路径分析
王韶华 张 伟 著
经济科学出版社出版、发行 新华书店经销
社址：北京市海淀区阜成路甲 28 号 邮编：100142
总编部电话：010 - 88191217 发行部电话：010 - 88191522
网址：www.esp.com.cn
电子邮件：esp@esp.com.cn
天猫网店：经济科学出版社旗舰店
网址：http://jjkxcbs.tmall.com
北京密兴印刷有限公司印装
710 × 1000 16 开 10.75 印张 210000 字
2019 年 6 月第 1 版 2019 年 6 月第 1 次印刷
ISBN 978 - 7 - 5218 - 0679 - 3 定价：68.00 元
（图书出现印装问题，本社负责调换。电话：010 - 88191510）
（版权所有 侵权必究 打击盗版 举报热线：010 - 88191661
QQ：2242791300 营销中心电话：010 - 88191537
电子邮箱：dbts@esp.com.cn）

前　言

　　能源强度即单位 GDP 能源消费量，是衡量一个国家或地区能源使用效率的重要指标之一。随着京津冀地区经济规模的逐步扩大，对能源的需求也逐步增多。能源过度消耗所导致的气候变化问题也日渐突出，给京津冀的资源环境造成了较大压力，阻碍了京津冀的绿色发展。如何应对日益严峻的资源与环境问题是京津冀协同发展过程中亟须解决的重要问题，决策层也将节能减排提到了前所未有的战略新高度。根据《京津冀协同发展规划纲要》，生态环境保护是京津冀协同发展率先突破的重点领域之一。其中，工业节能减排是生态环境治理的重要内容和方向，京津冀各级政府把控制能源消费总量和能源强度（"双控"），倒逼经济转型作为节能的重要原则。京津冀三地的经济发展水平差距较大，北京市已进入后工业化社会，天津市处于工业化后期，河北省仍处于工业化中期，京津的工业能耗水平明显低于河北省，京津冀工业降耗的重点在河北省，河北省是京津冀生态环境支撑区。但随着京津冀协同发展战略的深入推进，京津冀能源强度的空间相关性日益增强，任何一个影响因素不仅会影响到本地区的能源强度，也可能会影响到其他地区的能源强度，因此区域协同成为降低京津冀工业能源强度的关键。本书以京津冀能源强度为研究对象，考虑各地区的差异性，探讨京津冀能源强度的空间相关性，揭示能源强度变化的主要影响因素，提炼能够激活空间良性互动，缩小地区差异，降低能源强度的有效路径。本书的研究内容主要有以下四个部分：

（1）京津冀分行业能源强度演变的时空分异研究

总结京津冀分地区能源强度的行业差异特征，明确各地区降耗的重点行业及对京津冀整体能源强度影响较大的行业，针对重点行业总结地区差异特征，明确对重点行业能源强度影响较大的地区；分别从核心—外围区结构的变化以及重心的变化轨迹等两个角度揭示京津冀能源强度的空间结构及其演变历程；分别基于京津冀整体、产业和地区构建能源强度分解模型，阐释京津冀分行业能源强度时空演变的原因。

（2）京津冀能源强度的影响因素及其效应研究

基于探索性空间数据分析，通过全局 Moran 指数及其散点图、LISA 集聚图等分析京津冀能源强度的空间相关性；在此基础上，选取中介变量构建产业结构影响能源强度的面板数据模型，进一步明确产业结构的影响效应；进而通过构建三次产业结构影响能源强度的通径分析模型，揭示产业结构对能源强度的影响机理，并结合"十三五"节能和经济增长目标提炼降低京津冀能源强度的产业结构优化路径。

（3）京津冀工业能源强度的影响因素及其效应研究

在考虑京津冀工业能源强度空间相关性的前提下，揭示工业能源强度与其影响因素间的关系；在此基础上，分别构建京、津、冀工业能源强度影响因素的综合评价模型，利用通径分析揭示影响因素间的相互关系及其与工业能源强度间的直接和间接关系，明确京津冀工业降耗措施的地区差异。

（4）京津冀工业协同降耗的路径分析

通过解析京津冀交通一体化、生态环境保护、产业转移对接间的相互作用关系论证京津冀工业协同降耗的必要性，进而从产业创新、产业分工与合作、产业转移及生态环境协同治理等领域提炼协同降耗的路径，并从增强京津自觉性、提升河北融入性、推进生态补偿机制多元化等方面制定有针对性的保障措施。

　　本书是在作者主持的国家社科基金青年项目"京津冀工业分行业能源强度的空间相关性及协同降耗的路径分析研究"（编号：16CJL030）的研究成果基础上整理而成的。本书的另一位作者张伟是我的爱人，所在单位为东北大学秦皇岛分校，我的所有成果都离不开她的鼓励、支持和帮助，本书的出版正是在她主持的国家自然科学基金青年项目"产业投资与产业结构的空间互动演化关系：直接、溢出与反馈效应"（编号：71703016）的资助下完成的；另外，本书也得到了燕山大学区域经济发展研究中心的资助，在此表示感谢！

　　由于京津冀地区的行政色彩比较浓厚，京津冀协同发展主要是在行政主导下推进的，作者受限于调研样本和研究时间，现有研究缺乏对于京津冀协同降耗减排面临的更深层次矛盾的细化研究，课题尚存在不足之处，主要表现在：（1）随着京津冀协同发展战略的迅速推进，顶层设计趋于完善，本书所得结论在当前看来并不新颖；（2）《北京统计年鉴》统计了历年工业分行业工业增加值，但通过查阅公开资料和调研等都无法获取 2005 年以来天津市和 2010 年以来河北省工业分行业工业增加值的完整数据，因此为便于分析京津冀工业分行业能源强度的地区差异及空间相关性，统一采用分行业工业总产值计算能源强度。《北京统计年鉴》和《河北经济年鉴》均统计了工业分行业能源消费总量（标准量），而《天津统计年鉴》等公开资料只给出了工业分行业主要能源终端消费实物量，为计算分行业能源消费总量，需将各品种能源消费实物量转化为标准量才可得到分行业能源消费总量，但由于《中国能源统计年鉴》给出的参考折标系数与企业采用的实际折标系数存在差异，由此计算的综合能耗若从时间维度分析变化趋势进而确定重点降耗行业有一定的参考价值，但若从空间维度分析其与京、冀的差异性及相关性就会存在较大误差。而且，《河北经济年鉴》等公开资料并没有统计工业分行业主要能源品种消费实物量，因此无法利用统一标准计算京、津、冀工业分行业能源消费量。有鉴于此，本书只能针对工业整体分析京津冀能源强度的空间结构及其演变。虽然由于种种原因，研究还存在以上不足，但这并不是作者对该问题研究的终点，而是研究过程中的一个节点，敬请有关专家和广大读者批评指正。

王韶华

2019 年 6 月

目　　录

第1章　绪论 ……………………………………………………………… 1

1.1　研究背景及意义 …………………………………………………… 1

1.2　国内外研究现状 …………………………………………………… 3

1.3　总体思路和主要内容 ……………………………………………… 10

1.4　创新之处 …………………………………………………………… 12

第2章　京津冀分行业能源强度演变的时空分异研究 ……………… 14

2.1　京津冀分地区能源强度的行业差异 ……………………………… 15

2.2　京津冀分行业能源强度的地区差异 ……………………………… 57

2.3　京津冀能源强度及工业能源强度的空间结构演变 ……………… 65

2.4　京津冀整体—产业—地区能源强度因素分析 …………………… 80

第3章　京津冀能源强度的影响因素及其效应研究 ………………… 92

3.1　京津冀能源强度的空间相关性分析 ……………………………… 92

3.2　京津冀能源强度与其影响因素的计量分析 ……………………… 97

3.3　京津冀能源强度与产业结构的关系分析 ………………………… 102

第4章　京津冀工业能源强度的影响因素及其效应研究 …………… 120

4.1　京津冀工业能源强度的空间相关性分析 ………………………… 120

4.2　京津冀工业能源强度与其影响因素的计量分析 ………………… 124

4.3　京津冀工业能源强度影响因素的效应分析 ……………………… 137

第5章　京津冀工业协同降耗的路径分析及其保障措施 …………… 143

5.1　京津冀工业协同降耗的必要性分析 ……………………………… 143

5.2　京津冀工业协同降耗的路径分析 ………………………………… 145

5.3　京津冀工业协同降耗的保障措施 ………………………………… 149

结论 ……………………………………………………………………… 154

参考文献 ………………………………………………………………… 157

第 1 章

绪　　论

1.1
研究背景及意义

1.1.1　研究背景

2014 年 2 月 26 日，中共中央总书记、国家主席、中央军委主席习近平在北京主持召开座谈会，专题听取京津冀协同发展工作汇报，强调实现京津冀协同发展，是一个重大国家战略。中共中央政治局 2015 年 4 月 30 日召开会议，审议通过《京津冀协同发展规划纲要》（以下简称《纲要》）。《纲要》指出，生态环境保护是京津冀协同发展率先突破的重点领域之一。能源消费是我国污染物排放的重要排放源，根据统计，燃煤会排放大量的 SO_2、CO_2、NO_x 和烟尘，分别占我国相应排放总量的 90%、70%、67% 和 70%。近几年，随着北京、天津和河北经济总量的不断攀升，对能源消费的需求也呈上升趋势，京津冀能源消费之和占全国能源消费的比重稳定在 10% 以上，虽然北京和天津产业结构升级的效果显著，但主要以京津冀内部产业转移为主要方式，能源消费导致的碳排放问题并没有得到有效缓解。因此，节能减排是京津冀生态环境治理的重要内容和方向。节能，即以较少的能源消耗实现较大的产出，可用单位 GDP 能源消费即能源强度加以表示。可见，节能是实现减排的主要方式，减排是节能的主要方向和目标之一。京津冀各级政府把控制能源消费总量和能源强度（"双控"），"倒逼"经济转型作为节能的重要原则，并把工业节能作为重点领域。

京、津、冀间工业化所处阶段、产业结构等存在巨大差异，自 1994 年开始，第三产业成为北京市经济增长的经济力量，第三产业比重持续上升，而第一、第二产业比重不断下降，根据《北京市 2017 年国民经济和社会发展统计公报》，2017 年北京市地区生产总值约为 28000.4 亿元，人均地区生产总值约为 12.9 万元，三次产业结构为 0.4：19.0：80.6，说明北京已处于后工业化阶段；根据《2017 年天津市国民经济和社会发展统计公报》，2017 年天津市地区生产总值约为 18595.38 亿元，人均地区生产总值约为 11.9 万元，三次产业结构为 1.2：40.8：58.0，第三产业比重已经超过第二产业，在三次产业中稳居支配地位，说明天津市进入工业化后期阶段；河北省自 2011 年开始第二产业比重开始趋于下降，但仍居第一位，第三产业比重逐年上升，根据《河北省 2017 年国民经济和社会发展统计公报》，2017 年河北省地区生产总值约为 35964 亿元，人均地区生产总值约为 4.8 万元，三次产业结构为 9.8：48.4：41.8，说明河北省目前仍处于工业化中后期阶段。京津的能耗水平明显低于河北省，京津冀降耗的重点在河北省，河北省是京津冀生态环境支撑区。因此，必须考虑京津冀三地存在的差异性，设置合理的节能减排目标，明确减排重点，量身制定节能减排措施和手段。但随着京津冀协同发展战略的深入推进，各省市功能定位的引导作用不断加强，政府主导下的产业转移对接将逐渐理顺京津冀产业分工与合作关系，京津冀能源强度的空间相关性日益增强，任何一个影响因素不仅会影响到本地区的能源强度，也可能会影响到其他地区的能源强度，因此区域协同成为降低京津冀能源强度的关键。

1.1.2　研究意义

能源强度即单位 GDP 能源消费量，是衡量一个国家或地区能源使用效率的重要指标之一。随着京津冀地区经济规模的逐步扩大，对能源的需求也逐步增多。能源过度消耗所导致的气候变化问题也日渐突出，给京津冀的资源环境造成了较大压力，阻碍了京津冀的绿色发展。如何应对日益严峻的资源与环境问题是京津冀一体化过程中亟须解决的重要问题，决策层也将节能减排提到了前所未有的战略新高度。本书基于京津冀能源强度的地区差异，探讨京津冀协同降耗问题，具有较大的理论意义和很强的现实价值。

（1）理论意义。

首先，从核心—外围区结构的变化以及重心的变化轨迹等两个角度揭示京津冀能源强度的空间结构及其演变历程，能够为区域能源强度变化的研究提供一些创新视角，为能源强度问题的理论研究增添新内容；其次，利用因素分解模型考察对京津冀能源强度影响较大的行业和地区，将促进能源强度因素分解研究的系统化、规范化；最后，通过对能源强度影响因素间相互关系及其与能源强度间直接和间接关系的系统剖析，有助于明确各因素对能源强度的影响路径，能够为能源强度问题的理论研究增添新内容，增强京津冀协同发展研究的科学性和前瞻性。

（2）现实价值。

首先，基于总体层面和个体层面的京津冀分行业能源强度特征及影响因素分析既能最大限度地反映分行业京津冀能源强度的总体特征，也能有效抽象出个体特征，可以为京津冀生态环境建设一体化提供一些警示作用和决策参考，有助于这一战略更好地实现；其次，确定协同降耗的重点行业，找出影响能源强度的关键因素和作用路径，能够明确降耗重点，为制定有针对性的降耗措施提供依据；最后，基于能源强度地区差异的分析，围绕产业转移对接设计的京津冀协同降耗方案具有较大的可行性和实用性，能够促进京津冀产业协同工作的推进，从而有助于加快京津冀协同发展的进程。

1.2

国内外研究现状

本书主要通过考察国内外学者关于能源强度影响因素、能源强度地区差异、京津冀协同降耗等的研究成果客观地总结国内外研究达到的水平与研究趋势。

1.2.1　能源强度影响因素

研究能源强度影响因素的文献较多，综合国内外学者利用计量经济方法或因素分解方法对能源强度影响因素的分析，可知影响能源强度的因素一般包括以下几种。

（1）产业结构。关于产业结构对能源强度影响的研究主要有以下几种观点：一是能源强度受到产业结构的冲击效应较大，产业结构的变动会对能源强度的降低起积极的促进作用。结构节能、生产（技术）节能和消费（管理）节能是实现节能的三种主要方式，结构节能是指国家或者地区通过优化产业结构促进能源投入产出效率的方式实现的节能，相对于生产节能和消费节能，更加宏观、基础、有效。二是产业结构调整对降低能源强度作用微弱，甚至是负面的影响；我国的产业结构变迁缓慢，对能源强度的贡献微弱，且工业化中期，由于重化工业规模经济效益明显，第三产业发展滞后，使得工业中的能源效率较高，导致第二产业的下降反而不利于降低能源强度，这是能源消费"回报效应"的一个体现。改革开放以来，虽然我国总体上以降低第二产业比重，提高第三产业比重为方向，但是变迁方向变换频繁，直到2010年开始才得以稳定，即使第二产业比重在逐年下降，但产业内部结构却在恶化，尤其是1997~2007年，高耗能行业的能源强度在下降，但是增加值比重却在上升，因此在不同的时期，产业结构调整对能源强度下降的作用是不同的，有时呈正向作用，但有时则相反；与以上观点不同，Ang 和 Liu 等（2011）认为分解层次过粗影响了分解结果，目前研究中结构贡献的计算方法是不确切的。如表1-1所示，依据研究方法和影响效应的不同，归纳了研究者的相关研究。

表1-1 产业结构对能源强度影响的相关研究

研究者和年份	研究方法		影响效应	
	计量经济	因素分解	大小	方向
Reddy、Ray（2010），王晓、齐晔（2013）		√	显著	促进
王霞、淳伟德（2010），赵涛、时洪功（2013），Philip（2015），张勇、蒲勇健（2015）	√		显著	促进
张成龙等（2013），林伯强、杜克锐（2014），Lidia、Emilio（2015）		√	显著	负面
韩智勇等（2004），吴巧生（2010），高振宇、王益（2007），Raul、Jorge（2014）		√	微弱	
史丹（2002），郑义、徐康宁（2012），Jaruwan et al.（2014）		√	显著	不确定
周勇、李廉水（2006）	√		显著	不确定
Fisher-Vanden et al（2003），姚愉芳等（2007），冯泰文等（2008），Ang、Liu（2011）		√	不准确	

（2）技术进步。在能源强度变化影响因素分析上，学术界对于产业结构

调整所具有的作用并未达成一致认识。但在能源强度下降的主要影响因素方面，技术进步被普遍认为是最为主要的因素。技术进步不仅直接影响能源强度，还会通过调节其他影响因素对能源强度产生间接影响，其中通过优化产业结构降低高耗能产业比重对降低能源强度的作用最为显著。樊茂清、任若恩、陈高才（2009）通过构建超越对数生产函数研究制造业 20 个部门能源强度变化的影响因素，发现在不同部门技术变化的作用不同，接近半数部门中技术变化显著地促进了能源节约，但也存在促进能源消耗和作用不显著的情况。

（3）能源消费结构。研究能源消费结构对能源效率影响的文献相对较少，主要原因在于我国以煤为主的能源资源禀赋在很大程度上制约了能源消费结构的改善，能源消费结构对能源强度变化的贡献较小。但刘畅、孔宪丽、高铁梅（2009）运用计量经济方法对我国能源消耗强度变动的长期影响因素和短期动态调整效应进行实证分析，结果显示能源消费结构对我国能源消耗强度的变动有着显著的长期影响；李金昌、杨松、赵楠（2014）对能源消费结构和其他影响因素与能源强度进行回归分析，研究结果表明：煤炭在能源消费中的比重对能源强度有着正向作用，该作用的影响程度随着能源强度的降低先下降后上升；上述研究主要将能源消费结构（大多利用煤炭消费比重表示）作为一个整体分析其与能源强度的关系，近年来学者们开始关注能源消费结构内部比例与能源强度的相互关系，如张珍花、王鹏（2008），周德田、郭景刚（2013）等的研究结果表明煤炭、石油等消费比例与能源效率之间呈现显著的相关关系，而天然气则与能源效率的关系不显著。

（4）FDI。已有成果关于 FDI 的环境影响的理论较为成熟，主要有"污染避难所"和"污染光环"两种说法。这些观点也同样适用于 FDI 对能源强度的影响，"污染避难所"是指发达国家会将高能耗、高污染的产业转移至发展中国家，从而使得 FDI 不利于发展中国家能源强度的改善。鲍莫尔和奥茨（Baumol and Oates，1988）的研究给予"污染避难所"理论支持，而哈布勒和凯勒等（2010）的实证研究验证了这一理论。"污染光环"是指，FDI 的增加可以显著地降低能源强度，原因在于存在 FDI 技术溢出效应。我国幅员辽阔，区域差异显著，因此 FDI 对能源强度的溢出效应存在地区差异，其中，由于东部地区的经济发展水平较高，因此对于 FDI 重质不重量，使得东部地区 FDI 的知识溢出对本地区能源强度的影响不显著；而中部地区在区域分工上需要承担东部地区的产业转移，可能会忽略 FDI 的技术层次，使得中部地区 FDI 的知识溢出提高了本地区的能源强度；西部地区的经济发展落后，FDI 的技术水平明显较高，因此 FDI 的知识溢出能够显著降低能源强度。但是叶素云、叶振宇（2010）持完全不同的观点，从比较优势的角度认为由于东部沿海开发较早、技术基础较好，适合发展高新技术产业，因此 FDI 通过技术效应、结构效应、规模效应等促进了能源强度的降低，而西部地区资源丰富，因此 FDI 会专注于资源型产业，从而提高了能源强度。除此之外，FDI 对能源强度的影响依赖于各地的市场化进程，胡莹、魏晓平、黄永宝（2015）的研究发现，市场化进程发展较快的地区，外商直接投资能够有效降低当地的能源强度，而在市场化进程落后的地区，外商直接投资却对能源强度有负面的影响。与流入地差异的研究思路不同，张敏、张娜、王文（2012）检验了不同来源地 FDI 与中国能源消费强度之间的关系，结果显示不同来源地 FDI 份额的变化对中国能源消费强度的影响程度存在显著差异。

（5）能源价格。能源价格上涨能够有效降低中国大部分部门的能源强度，能源价格是促进中国能源效率改进的主要因素。菲利浦（2015）对尼日利亚能源强度影响因素的研究表明，原油价格对能源强度的增长起抑制作用，且效应越来越强。但也有学者，如田立新，刘晶（2010）认为由于我国的能源价格在一定程度上是国家宏观调控的结果，并不能真实反映市场供求关系，因此已有研究关于能源价格对能源强度贡献的计算结果是不准确的，能源价格上涨对降低能源强度的影响并不显著。

影响能源强度的因素很多，由于研究对象、研究方法等的差异，前期研究所得结论并不一致，但这些研究均为我们开展研究提供了视角和参考。然而，还存在以下不足：（1）已有研究在分析各因素与能源强度关系时大多将其作为独立的变量，忽略了各因素间的相互关系；（2）已有研究在分析能源强度影响因素时大多从整体层面进行宏观分析，缺乏对特定行业（尤其是作为能耗最大的工业）能源强度的深入研究。

1.2.2 能源强度地区差异

我国区域发展不平衡，导致了能源强度及其影响因素的地区差异性。近年来，学者主要围绕以分东中西三大区或分省区为单元对能源强度的区域效应开展研究，普遍认为我国各地区的能源强度总体上均呈下降趋势，东部地区的能源强度水平低于中、西部地区。如表 1 – 2 所示，依据研究方法和研究单元的不同，归纳了研究者的相关研究。

表 1 – 2　　　　　　　　能源强度地区差异的相关研究

研究者和年份	研究方法		研究单元	
	计量经济	因素分解	分省区	分区域
李国璋、王双（2008），宋枫、王丽丽（2012），仲伟周等（2013），杨威等（2013）		√	√	
邱寿丰（2008）		√	√	东、中、西经济发展高、中、低
李博（2015）		√		东、中、西、东北
王军、仲伟周（2009），Wang（2011），Yu（2012），孙庆刚等（2013），叶翠红、赵玉林（2014）	√		√	
齐绍洲等（2011），刘似臣、秦泽西（2013），张艳东、赵涛（2014）	√			东、中、西
刘畅、崔艳红（2008），丁翠翠（2015）	√			能源强度高、中、低
李治、李国平（2012）	√		√	内陆、沿海
王腊芳等（2015）	√		√	东、中、西

在引起区域间差异的主要因素方面，李国璋、王双（2008）将区域能源强度分解为产业结构、技术进步、经济规模等因素，认为由于西部地区经济发展落后，第二产业比重的不断上升使得西部地区比东、中部地区有较显著的产业结构效应和技术进步效应，而东部地区的经济规模效应明显。张勇军、刘灿、胡宗义（2015）同样认为由于区域间产业结构的不同，中西部地区偏重，导致能源强度明显高于东部。宋枫、王丽丽（2012）则认为经济结构的地区差异导致的能源效率差异是导致省与省之间能源强度差异的主要原因。齐绍洲、罗威（2007），齐绍洲、云波、李锴（2009），齐绍洲、李锴（2010）验证了经济增长差异收敛性与能源强度差异收敛性的密切关系，认为能源强度区域间差异随着人均 GDP 差异的缩小而不断缩小。

区域间能源强度差异的变化主要受区域内差异的影响，王腊芳、段文静、赖明勇等（2015）的研究表明区域间能源强度的差异和区域内各省区市间能源强度的差异均呈缩小趋势，但区域间差异的缩小速度相对于区域内差异较为缓慢。齐绍洲、李锴（2010）进一步从省市间差异和部门间差异等更深层次挖掘区域间能源强度差异的原因，认为西部部门间差异缩小速度明显小于东部。而宋枫、王丽丽（2012），李博（2015）的研究表明我国区域间能源强度差异和区域内各省份间的区域差异呈逐步扩大趋势。

虽然前期研究关于能源强度地区差异取得了丰富的成果，但还存在一些不足：（1）忽略了地区能源强度与国家能源强度间的联系，即缺乏对国家能源强度变动中地区贡献的分析；（2）随着各地区间分工合作程度的深化，能源强度的空间联动性日益增强，已有研究虽然认识到了这一点，但缺乏对地区间协同降耗的全面细致研究；（3）随着京津冀一体化战略的提出，京津冀地区成为研究的热点，但围绕京津冀地区针对能源强度的研究不多。

1.2.3 京津冀能源强度

（1）京津冀协同发展水平。自京津冀一体化被提升为国家战略以来，区域协同发展成为京津冀一体化的重要方向，京津冀地区协同发展水平的高低取决于京津冀个体发展程度以及京津冀之间的互动程度。在京津冀个体发展方面，京、津、冀间的区域差距明显，根据区域经济发展的"增长极"模式的演变规律，由于京津重要的战略地位，需要吸纳河北省的生产要素成为极化区域，使得河北省的经济发展水平远低于京津地区。京津冀经济圈内部的政治经济地位极其不平等、缺少推动协同发展利益分配机制建立的民间组织等不利因素阻碍了京津冀协同的进一步发展，使得京津冀协同发展的水平以及效益不能凸显。

在京津冀间的内部互动方面，由于缺少一个公认的分级标准，因此很难判断其绝对水平，鉴于我国的三大经济圈（长三角、珠三角、京津冀）建立的背景、政策环境、推进方式等有着较多的共性特征，可以通过横向比较某些指标来确定京、津、冀间互动的相对水平。由于京津冀协同发展目前处于被动阶段向自动阶段的过渡期，京津的极化效应明显高于涓流效应，使得生产要素的流动很大程度上仅限于河北省流向京津地区，而长三角和珠三角区域内部要素流动较为频繁。张可云、蔡之兵（2014）通过比较三个区域间内部各省市间经济增长率的相关系数，发现京、津、冀间的合作和互补程度极低，甚至主要表现为竞争和冲突。可见，虽然京津冀地区的天然优势以及人力资本、技术进步等远高于长三角和珠三角，但由于物质资本积累的欠缺使得协同发展水平目前仍落后于长三角和珠三角，但随着效率改善的收敛效应的增长，三大经济圈的差距在逐步缩小。

（2）京津冀节能减排。虽然经济增长是京津冀协同发展的主要目标，但节能减排是其重要突破口，已有研究围绕京津冀节能减排的分析主要有三种思路：一是通过分析地区差异挖掘共同的规律。有研究表明，京津冀地区碳排放量与能源消费量和经济增长密切相关，能源消费与经济增长之间存在长期的均衡关系，且互为因果；通过计算发现，京津冀能源消费量和碳排放量均呈增长趋势，以河北省增速最快、总量最高；碳排放强度均呈下降趋势；京、津地区经济基础较好，减排技术进步较快，碳排放强度降幅大于河北省，人均碳排放量低于河北省。可见，京、津、冀间的能源利用效率、减排技术等差距明显，必须量身制定节能减排的目标及其实现措施。李健、肖境、王庆山（2015）运用产业梯度转移理论，考虑转入产业地区与转出产业地区配额不同，将各行业的产业梯度差作为各地区碳减排配额的重要指标，实现了京津冀减排目标的差异化。随着京津冀区域一体化水平的提高，区域间的经济联系越来越密切，导致能源强度与污染物排放的溢出效应明显，加之京津冀高耗能、高污染行业的趋同性，京津冀节能减排一体化势在必行。但是也同样是因为京津冀各地的发展不平衡以及地位不平等，导致了要实现节能减排的协同发展就必须首先解决利益分配难题，为了使京津冀区域环境成本最小化，有些省市由于承接了其他省市的节能减排任务，使得节能减排成本上升，而有些省市由于向其他省市转移了节能减排任务从而节省了成本，因此建立利益分配方案成为京津冀协同降耗的关键。二是将京津冀作为一个整体探讨碳排放等的影响因素，受时空因素的影响，加之研究设计、数据撷取的不同，导致研究结论也不尽相同，但均证实了能源结构、产业结构、经济发展等因素对京津冀碳排放的影响较大，其中周国富、宫丽丽还基于环境库兹涅茨曲线着重讨论了经济增长与碳排放之间的关系。王喜平、孟明、刘剑（2013）基于环境 DEA 技术和方向距离函数的定量研究表明，碳排放约束和技术进步促进了京津冀的全要素能源效率，章永洁、蒋建云、叶建东等（2014）针对京津冀地区农村的生活能源消费情况进行了调研，发现以煤为主的能源结构、低下的能源效率导致了生活能源消费较大。三是比较京津冀与长三角、珠三角的节能减排效率，龙如银、邵天翔

(2015)，武义青、韩定海（2016）的研究结果表明，三大经济圈的碳生产率均呈上升趋势，但京津冀与长三角、珠三角存在明显差距，推动碳生产率增长的主要因素不同，必须要有针对性。

经过上述研究，可以发现：（1）现有研究对京津冀节能减排的分析大多套用已有相关理论成果，缺乏针对京津冀能源强度的特点进行具体研究；（2）现有研究虽然认识到区域协同对京津冀节能减排的重要性，但仅局限于必要性、对策、建议等表层内容上，缺乏对京津冀区域协同发展上面临的更深层次矛盾的细化研究，尤其是没有对京津冀协同节能减排设计系统性的方案。

1.3
总体思路和主要内容

1.3.1 总体思路

京津冀协同发展，节能减排是重点突破领域。本书以京津冀能源强度为研究对象，考虑各地区的差异性，探讨京津冀能源强度的空间相关性，揭示能源强度变化的主要影响因素，提炼能够激活空间良性互动，缩小地区差异，降低能源强度的有效路径。本书的研究框架如图 1－1 所示。

1.3.2 主要内容

本书的研究内容主要有以下四个部分。

（1）京津冀分行业能源强度演变的时空分异研究。

总结京津冀分地区能源强度的行业差异特征，明确各地区降耗的重点行业及对京津冀整体能源强度影响较大的行业，针对重点行业总结地区差异特征，明确对重点行业能源强度影响较大的地区；分别从核心—外围区结构的变化以及重心的变化轨迹等两个角度揭示京津冀能源强度的空间结构及其演变历程；分别基于京津冀整体、产业和地区构建能源强度分解模型，阐释京津冀分行业能源强度时空演变的原因。

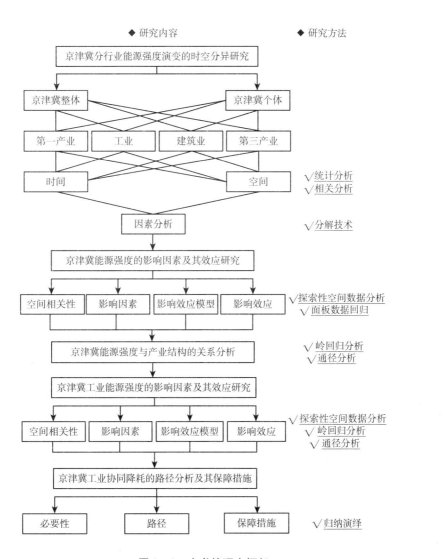

◆ 研究内容　　　　　　　　◆ 研究方法

京津冀分行业能源强度演变的时空分异研究

京津冀整体　　　　　　京津冀个体

第一产业　　工业　　建筑业　　第三产业

时间　　　　　　　　空间　　　√统计分析
　　　　　　　　　　　　　　　　√相关分析

因素分析　　　　　　√分解技术

京津冀能源强度的影响因素及其效应研究

空间相关性　影响因素　影响效应模型　影响效应　√探索性空间数据分析
　　　　　　　　　　　　　　　　　　　　　　√面板数据回归

京津冀能源强度与产业结构的关系分析　　√岭回归分析
　　　　　　　　　　　　　　　　　　　　√通径分析

京津冀工业能源强度的影响因素及其效应研究

空间相关性　影响因素　影响效应模型　影响效应　√探索性空间数据分析
　　　　　　　　　　　　　　　　　　　　　　√岭回归分析
　　　　　　　　　　　　　　　　　　　　　　√通径分析

京津冀工业协同降耗的路径分析及其保障措施

必要性　　　　路径　　　保障措施　　√归纳演绎

图 1-1　本书的研究框架

（2）京津冀能源强度的影响因素及其效应研究。

基于探索性空间数据分析，通过全局 Moran 指数及其散点图、LISA 集聚图等分析京津冀能源强度的空间相关性；在此基础上，选取中介变量构建产业结构影响能源强度的面板数据模型，进一步明确产业结构的影响效应；进而通过构建三次产业结构影响能源强度的路径分析模型，揭示产业结构对能源强度的影响机理，并结合"十三五"节能和经济增长目标提炼降低京津冀能源强度的产业结构优化路径。

（3）京津冀工业能源强度的影响因素及其效应研究。

在考虑京津冀工业能源强度空间相关性的前提下，揭示工业能源强度与其影响因素间的关系；在此基础上，分别构建京、津、冀工业能源强度影响因素的综合评价模型，利用通径分析揭示影响因素间的相互关系及其与工业能源强度间的直接和间接关系，明确京津冀工业降耗措施的地区差异。

（4）京津冀工业协同降耗的路径分析。

通过解析京津冀交通一体化、生态环境保护、产业转移对接间的相互作用关系论证京津冀工业协同降耗的必要性，进而从产业创新、产业分工与合作、产业转移及生态环境协同治理等领域提炼协同降耗的路径，并从增强京津自觉性、提升河北融入性、推进生态补偿机制多元化等方面制定有针对性的保障措施。

1.4

创新之处

（1）目前关于我国能源强度地区差异的研究，大多围绕以分东中西三大区或分省区为单元对整体展开宏观分析，对单个行业能源强度缺乏深入细致的研究。本书立足京津冀协同发展、节能减排等现实背景，分别从时间维度和空间维度探讨京津冀工业能源强度的地区差异和行业差异。

（2）目前关于京津冀能源强度的影响因素以及个体差异上的研究达成了共识，但大多局限于整体、地区、产业等一个或两个层面，对京津冀能源强度产生的根源没有进行深入分析。本书沿着整体—产业—地区的路线层层分解，挖掘京津冀能源强度变化的原因。

（3）目前关于能源强度影响因素的研究，大多将各因素作为独立的变量进行研究，比较各种变量对因变量的影响。实际上，影响能源强度的各种因素是互相关联，互相影响的。本书在检验空间相关性的基础上，归纳主要影响因素，进一步挖掘各影响因素间的内在关系及其与能源强度间的直接和间接关系，提炼各因素对能源强度的影响路径。

（4）目前关于京津冀能源强度的研究，大多对区域内差异与区域间差异进行区分与量化，并基于能源强度的空间相关性日益增强的理论论证和实证检验，逐渐认识到能源强度的降低需要地区间的协同控制，但对于协同控制的具体方案却鲜有涉及。本书在明确京津冀能源强度地区差异性的基础上，设计了完善可行的协同降耗方案。

第2章

京津冀分行业能源强度演变的
时空分异研究

五年规划是中国国民经济计划的重要部分，对我国未来经济发展的方向产生重大影响。2005年是我国"十五"计划的收官之年，且旨在应对气候变化的里程碑式的国际法律文本《京都议定书》于2005年正式生效，我国的节能减排目标主要以2005年水平作为参照。有鉴于此，基于科学性、数据可得性等原则，本章主要探讨2005年以来京津冀分行业能源强度特征。

《北京统计年鉴》统计了历年工业分行业工业增加值，但通过查阅公开资料和调研等都无法获取2005年以来天津市和2010年以来河北省工业分行业工业增加值的完整数据，因此为便于分析京津冀工业分行业能源强度的地区差异及空间相关性，统一采用分行业工业总产值计算能源强度。由于统计年鉴中工业行业分类的变化，使得有些行业的统计数据不完整，如2012年之前没有开采辅助活动、汽车制造业、铁路、船舶、航空航天和其他运输设备制造业、金属制品、机械和设备修理业等行业，且橡胶制品业和塑料制品业是分开统计的。为便于分析，本书不考虑开采辅助活动、金属制品、机械和设备修理业等行业的能源强度，将汽车制造业、铁路、船舶、航空航天和其他运输设备制造业合并为交通运输设备制造业、将橡胶制品业和塑料制品业合并为橡胶和塑料制品业，经过整合后，工业分行业包括煤炭开采和洗选业、石油和天然气开采业、黑色金属矿采选业、非金属矿采选业、农副食品加工业、食品制造业、酒、饮料和精制茶制造业、烟草制品业、纺织业、纺织服装、服饰业、皮革、毛皮、羽毛及其制品和制鞋业、木材加工和木、竹、藤、棕、草制品业、家具制造业、造纸和纸制品业、印刷和记录媒介复制业、文教、工美、体育和娱乐用品制造业、石油加工、炼焦和核燃料加工业、化学原料和化学制品制造业、医药制造业、化学纤维制造业、橡胶和塑料制品业、非金属矿物制品业、黑色金属冶炼和压延加工业、有色金属冶炼和压延加工业、金属制品业、通用设备制造业、专用设备制造业、交通运输设备制造业、电气机械和器材制造业、计算机、通信和其他电子设备制造、仪器仪表制造业、其他制造业、废弃资源综合利用业、电力、热力生产和供应业、燃气生产和供应业、水的生产和供应业等 36 个行业。《北京统计年鉴》和《河北经济年鉴》均统计了工业分行业能源消费总量（标准量），而《天津统计年鉴》等公开资料只给出了工业分行业主要能源终端消费实物量，为计算分行业能源消费总量，需将各品种能源消费实物量转化为标准量才可得到分行业能源消费总量，但由于《中国能源统计年鉴》给出的参考折标系数与企业采用的实际折标系数存在差异，由此计算的综合能耗若从时间维度分析变化趋势进而确定重点降耗行业有一定的参考价值，但若从空间维度分析其与京、冀的差异性及相关性就会存在较大误差。而且，《河北经济年鉴》等公开资料并没有统计工业分行业主要能源品种消费实物量，因此无法利用统一标准计算京、津、冀工业分行业能源消费量。有鉴于此，本章主要针对工业整体分析京津冀能源强度的空间结构及其演变。

2.1

京津冀分地区能源强度的行业差异

2.1.1　北京市分行业能源强度演变特征

2.1.1.1　北京市分行业能源消费演变

2005～2016 年北京市的地区生产总值及其构成、能源消费总量及第一、第二、第三产业和生活消费等的能源消费总量以及工业、建筑业的终端能源消费等数据可通过《北京统计年鉴 2017》获得；由于能源消费总量 = 终端能源消费 + 能源加工转换投入量 + 加工转换损失量 + 损失量，且加工转换投入产出量和损失量主要来源是工业，因此可通过工业能源消费总量 = 第二产业能源消费总量 - 建筑业终端消费；为剔除价格变动的干扰，在此采用 2005 年不变价，整理得到的相关数据如表 2 - 1 所示。

表 2-1　　　　　　　2005~2016 年北京市地区生产总值及其构成、

能源消费总量及其构成等

年份	地区生产总值/亿元						能源消费/万吨标准煤						
		第一产业	第二产业	工业	建筑	第三产业		第一产业	第二产业	工业	建筑	第三产业	生活消费
2005	7141	87	2046	1731	324	5009	5050	85	2364	2260	103	1772	829
2006	8055	88	2262	1900	376	5705	5399	91	2421	2318	103	1963	924
2007	9215	89	2543	2144	417	6584	5748	95	2435	2326	109	2198	1020
2008	10045	91	2546	2148	432	7407	5786	95	2216	2096	120	2394	1081
2009	11049	95	2798	2339	511	8155	6009	97	2207	2055	152	2527	1178
2010	12199	93	3178	2685	554	8921	6360	99	2364	2197	167	2654	1243
2011	13187	94	3388	2892	569	9689	6397	98	2160	2001	159	2819	1320
2012	14242	97	3638	3106	624	10493	6564	98	2082	1932	150	2967	1417
2013	15338	100	3915	3345	682	11311	6724	97	2079	1951	128	3109	1438
2014	16473	100	4189	3552	751	12171	6831	92	1998	1874	125	3237	1505
2015	17610	89	4323	3592	844	13169	6853	85	1903	1784	118	3313	1553
2016	18807	82	4595	3775	910	14091	6962	80	1871	1751	120	3414	1596

（1）北京市整体能源消费演变。

由图 2-1 可知，2005 年北京市能源消费总量约为 5050 万吨标准煤，2005 年以来北京市能源消费总量呈逐年增加趋势，但增长速度大体上趋于平缓，年均增速约为 2.99%，2016 年达到约 6962 万吨标准煤，较 2015 年增加了约 1912 万吨标准煤，增长了约 37.86%。由图 2-2 可知，2010 年以来，北京市油品消费占能源消费总量的比重最大，稳定在 30%~35%，变动平缓；煤品消费比重呈逐年下降趋势，年均降低约 3.3 个百分点，2016 年已经降至 10% 以下，约为 9.81%；天然气消费比重呈逐年上升趋势，年均上升约 2.85 个百分点，2016 年突破 30%，上升至约 31.68%，按当前趋势，很快会超过油品，成为北京市消费比重最大的能源；北京市一次电力和其他能源占能源消费总量的比重较小，虽然总体上呈上升趋势，但变化非常平缓，二者之和不超过 3%；北京市需要从外地调入大量的电力，虽然近年来电力净调入所占比重有下降趋势，但仍然在 20% 以上，且 2016 年较 2015 年有所上升，约为 23.2%。

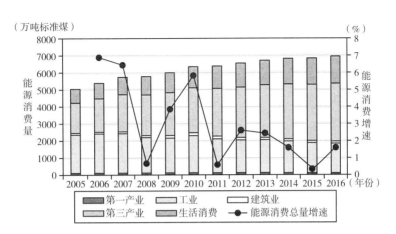

图 2 - 1　2005 ~ 2016 年北京市能源消费总量及其产业构成变化情况

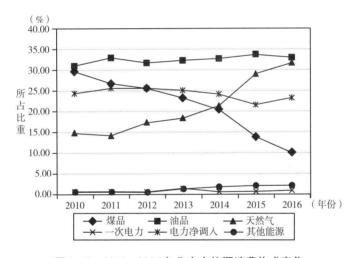

图 2 - 2　2010 ~ 2016 年北京市能源消费构成变化

（2）北京市工业分行业能源消费演变。

工业能源消费自 2007 年开始总体上呈逐年下降趋势，年均下降约为 2.99%，2008 年开始低于第三产业能源消费，且差距越来越大，2016 年已降至 1751 万吨标准煤，比第三产业能源消费量少 1663 万吨标准煤，较 2005 年降低了约 509 万吨标准煤；如图 2 - 3 所示，2005 年以来北京市工业能源消费占能源消费总量的比重大体呈逐年下降趋势，年均减少约 1.78 个百分点，2016 年已降至约 25.15%，较 2005 年减少了约 19.6 个百分点。

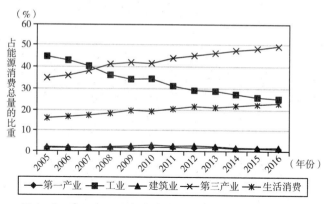

图 2-3　2005～2016 年北京市各产业能源消费占比变化

2005～2016 年北京市工业分行业能源消费数据如表 2-2 所示。石油加工、炼焦和核燃料加工业、黑色金属冶炼及压延加工业、电力、燃气及水的生产和供应业、非金属矿物制品业、化学原料和化学制品制造业、交通运输设备制造业、计算机、通信和其他电子设备制造业等属于北京市工业高耗能行业，2010 年之前能源消费之和占工业能源消费的 96% 以上，近年来也稳定在 80% 左右，其中石油加工、炼焦和核燃料加工业、电力、燃气及水的生产和供应业能源消费所占比重均在 20% 以上，石油加工、炼焦和核燃料加工业对热力、电力等能源的消耗量较大，电力、燃气及水的生产和供应业对煤炭、电力、天然气等能源的消耗较大，黑色金属冶炼及压延加工业对煤炭、焦炭等消耗较大，非金属矿物制品业对煤炭、电力等的消耗较大，化学原料和化学制品制造业、交通运输设备制造业等对热力和电力等的消耗较大。

如图 2-4 所示，石油加工、炼焦和核燃料加工业，黑色金属冶炼及压延加工业，非金属矿物制品业，化学原料和化学制品制造业等行业能源消费总体上呈下降趋势，年均下降分别约为 3.84%、13.51%、7.02%、4.29%，尤其黑色金属冶炼及压延加工业在 2010 年呈断崖式下降，由 2009 年的 449.57 万吨标准煤降至 2010 年的 27.88 万吨标准煤，降低了约 93.8%，并维持在 30 万吨标准煤以内；电力、燃气及水的生产和供应业，交通运输设备制造业，计算机、通信和其他电子设备制造业等行业能源消费总体上呈增长趋势，年均增长分别约为 6.63%、6.98%、4.89%，2013 年开始，电力、燃气及水的生产和供应业能源消费超过石油加工、炼焦和核燃料加工业，成为工业中能源消费最高的行业，2016 年能源消费约为 539.38 万吨标准煤，约占工业能源消费量的 30.8%。

表 2－2　2005～2016 年北京市工业分行业能源消费总量

单位：万吨标准煤

行业	2005 年	2006 年	2007 年	2008 年	2009 年	2010 年	2011 年	2012 年	2013 年	2014 年	2015 年	2016 年
煤炭开采和洗选业	7.96	7.58	7.25	5.64	5.27	5.51	6.10	6.44	6.17	5.53	4.76	3.78
石油和天然气开采业	0.01	0.03	1.84	16.74	24.45	28.89	30.10	0.77	0.01	0.01	0.02	0.02
黑色金属矿采选业	11.88	11.72	9.67	8.86	9.51	515.45	148.76	150.94	13.43	15.22	11.49	9.94
非金属矿采选业	5.17	8.61	10.40	3.62	3.80	4.61	4.91	1.81	2.04	1.22	0.84	0.71
农副食品加工业	20.70	21.62	23.61	24.62	24.44	26.68	28.20	30.85	26.86	26.16	23.52	23.03
食品制造业	33.21	34.34	30.10	28.64	29.18	32.44	32.24	32.70	30.34	30.02	29.87	29.43
酒、饮料和精茶制造业	39.58	43.17	42.62	41.20	42.16	43.29	46.83	46.09	34.92	31.10	27.28	25.35
烟草制品业	1.03	1.10	1.08	1.14	1.56	2.25	2.36	2.40	2.28	1.99	—	—
纺织业	19.86	17.11	16.25	14.80	14.38	13.84	14.48	8.86	6.37	5.49	4.48	3.61
纺织服装、服饰业	17.07	17.99	17.23	16.11	14.87	14.01	16.48	22.65	15.21	14.34	13.35	11.66
皮革、毛皮、羽毛及其制品和制鞋	1.69	2.23	1.38	0.89	0.79	0.72	1.02	1.39	1.19	1.14	1.14	1.17
木材加工和木、竹、藤、棕、草业	5.46	5.13	4.21	3.82	3.64	5.12	5.89	5.49	6.21	5.56	4.78	2.44
家具制造业	6.26	6.57	6.86	6.65	6.07	6.59	8.10	8.52	7.90	7.65	7.73	7.47
造纸和纸制品业	14.78	14.83	14.77	15.25	13.59	14.56	14.93	15.31	11.18	11.69	10.99	10.02
印刷和记录媒介复制业	21.85	21.72	22.19	23.15	23.73	25.40	27.61	30.29	25.21	24.47	23.92	22.58
文教、工美、体育和娱乐用品制造	2.62	3.76	3.53	3.76	3.36	2.95	3.35	5.89	4.94	4.39	4.30	3.73
石油加工、炼焦和核燃料加工业	662.19	704.16	689.20	705.78	677.95	584.98	621.69	564.68	468.50	477.21	478.19	414.30
化学原料和化学制品制造业	199.32	194.82	206.86	155.93	120.33	194.42	191.87	158.36	113.08	97.66	114.51	89.98

续表

行业	2005年	2006年	2007年	2008年	2009年	2010年	2011年	2012年	2013年	2014年	2015年	2016年
医药制造业	20.36	21.58	23.72	24.29	26.92	27.83	30.45	33.05	32.13	32.30	35.04	35.61
化学纤维制造业	0.99	1.18	1.25	1.60	1.61	1.54	1.47	1.72	0.99	1.30	1.34	1.34
橡胶和塑料制品业	34.14	34.02	30.10	30.11	30.23	31.67	33.31	34.65	29.67	27.39	23.92	22.21
非金属矿物制品业	299.40	312.51	312.02	274.52	271.43	269.94	271.22	235.20	203.33	168.30	132.73	128.68
黑色金属冶炼及压延加工业	661.32	643.31	676.76	460.59	449.57	27.88	26.53	32.23	27.63	24.78	22.78	21.19
有色金属冶炼及压延加工业	6.40	6.38	7.24	8.33	7.78	9.43	10.01	8.47	5.74	5.26	5.10	5.44
金属制品业	23.51	25.17	25.45	25.90	24.59	28.86	34.51	37.66	35.61	34.37	32.46	29.69
通用设备制造业	32.13	35.98	34.13	35.82	32.43	38.40	42.58	38.37	30.94	30.35	29.36	28.30
专用设备制造业	21.95	32.72	31.71	36.17	36.13	32.01	32.90	26.03	24.28	23.59	22.49	21.69
交通运输设备制造业	63.78	66.51	67.52	70.54	80.21	92.93	99.09	116.30	117.62	119.75	124.70	131.97
电气机械和器材制造业	13.73	16.30	16.17	17.55	18.24	24.44	28.40	28.95	21.56	22.09	20.30	21.20
计算机、通信和其他电子设备制造	52.32	59.93	61.20	60.19	51.46	54.79	69.77	82.79	86.54	85.90	78.35	82.89
仪器仪表制造业	5.22	6.72	6.24	6.97	7.16	6.75	8.47	8.97	7.72	8.07	8.26	7.96
其他制造业	13.51	10.36	11.71	9.36	9.22	8.61	8.83	6.52	4.98	5.54	4.82	6.79
废弃资源综合利用业	1.59	1.12	1.31	2.62	3.51	3.71	1.89	1.59	1.12	1.10	0.89	1.40
电力、热力的生产和供应业	260.24	258.61	250.00	266.98	297.21	343.36	384.63	400.38	449.68	417.76	390.06	388.49
燃气生产和供应业	2.24	7.03	3.83	3.34	3.41	8.58	12.36	10.92	56.25	63.89	48.24	104.62
水的生产和供应业	15.54	14.46	15.60	19.27	22.13	27.21	28.33	28.78	34.79	36.89	36.37	46.27

表 2-3　2005~2016 年北京市第三产业分行业能源消费总量

单位：万吨标准煤

行业	2005 年	2006 年	2007 年	2008 年	2009 年	2010 年	2011 年	2012 年	2013 年	2014 年	2015 年	2016 年
批发和零售业	157.56	162.64	202.92	195.18	206.86	192.72	211.46	221.68	189.91	194.18	198.51	211.77
交通运输、仓储和邮政业	563.39	717.6	840.79	993.95	1025.24	1104.84	1185.89	1235.05	1145.52	1204.15	1249.37	1312.69
住宿和餐饮业	199.88	202.52	249.76	218.01	220.83	239.41	253.08	262.34	282.56	292.04	299.09	279.58
信息传输、软件和信息技术服务业	52.32	59.02	73.18	88.26	96.02	107.53	124	129.64	136.19	148.4	164.88	181.05
金融业	27.56	28.14	34.01	39.06	40.76	43.32	50.88	54.26	61.22	68.41	66.81	64.52
房地产业	306.71	308.9	318.4	346.06	364.22	389.6	391.17	411.54	376.99	374.91	376.88	384.41
租赁和商务服务业	115.26	121.85	127.78	165.52	191.25	182.48	182.57	196.26	188.98	210.51	195.5	205.51
科学研究和技术服务业	85.49	94.11	101.68	116.95	123.06	122.72	144.74	163.92	160.81	159.81	170.88	191.55
水利、环境和公共设施管理业	23.45	27.41	38.67	35.69	37.84	40.17	47.03	46.51	53.5	61.52	60.32	62.55
居民服务、修理和其他服务业	64.88	72.45	58.71	31.88	33.6	34.17	46.25	47.13	40.7	32.69	30.29	31.34
教育	143.67	153.67	157.91	165.09	182.96	199.54	205.79	222.87	208.19	220.52	228.74	218.55
卫生和社会工作	52.44	54.64	52.59	57.96	64.6	66.87	71.69	74.05	79.89	84.7	84.06	84.89
文化、体育和娱乐业	43.8	45.34	45.1	53.46	59.27	60.09	69.84	71.47	62.25	65.44	72.22	75.56
公共管理、社会保障和社会组织	82.28	80.96	88.01	103.46	113.76	113.97	116.13	115.35	122.34	119.26	115.01	110.42

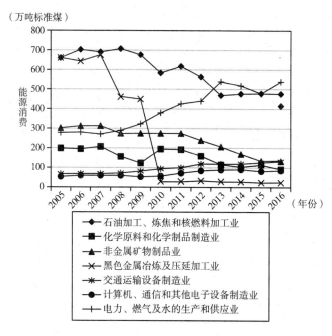

图2-4 2005~2016年北京市工业高耗能行业能源消费变化

（3）北京市第三产业分行业能源消费演变。

第三产业能源消费总量及其占能源消费总量的比重均呈逐年增加趋势，年均增长分别约为6.18%、1.27%，2008年开始超过第二产业，2016年能源消费量较2005年增加了约1642万吨标准煤，达到约3414万吨标准煤，约占能源消费总量的49%，对煤油、电力、柴油、汽油、热力、煤炭等能源的消耗较大。

如表2-3所示，第三产业中，交通运输、仓储和邮政业，房地产业，住宿和餐饮业，教育，租赁和商务服务业、批发和零售业等的能源消费较大，2016年分别约为1312.69万吨标准煤、384.41万吨标准煤、279.58万吨标准煤、218.55万吨标准煤、205.51万吨标准煤、211.77万吨标准煤，均高于200万吨标准煤，分别约占第三产业能源消费总量的38.45%、11.26%、8.19%、6.4%、6.02%、6.2%，其中交通运输、仓储和邮政业对煤油、柴油和热力等能源的消耗量较大，房地产业对热力、电力和煤炭等能源的消耗量较大，住宿和餐饮业对电力、热力、液化石油气、煤炭等的消耗量较大，教育对热力和电力等能源的消耗量较大，租赁和商务服务业对汽油、电力、煤炭、热力等能源的消耗量较大，批发和零售业对汽油、电力和热力等的消耗量较大。
而居民服务、修理和其他服务业，水利、环境和公共设施管理业，金融业，文
化、体育和娱乐业，卫生和社会工作等行业能源消费较小，2016 年均低于 100
万吨标准煤。2005～2016 年除居民服务、修理和其他服务业能源消费总体上
呈下降趋势（年均下降速度约为 4.17%）外，其他行业能源消费总体上均呈
上升趋势，信息传输、软件和信息技术服务业，水利、环境和公共设施管理
业，交通运输、仓储和邮政业，金融业，科学研究和技术服务业等行业能源消
费年均增速分别约为 12.09%、10.02%、8.35%、8.3%、7.8%，近 5 年来居
民服务、修理和其他服务业，公共管理、社会保障和社会组织，房地产业等行
业能源消费总体上均呈下降趋势，年均下降分别约为 7.06%、0.94%、
0.24%。

（4）北京市其他行业能源消费演变。

北京市生活消费能源消费量及其所占比重均呈逐年上升趋势，与第二产业
（工业）能源消费的差距不断缩小，与第三产业能源消费同步增长，年均增长
分别约为 6.18%、1.27%，2016 年能源消费量较 2005 年增加了约 767 万吨标
准煤，达到约 1569 万吨标准煤，仅比工业能源消费少 155 万吨标准煤，约占
能源消费总量的 22.92%，生活消费对汽油、煤炭、热力、电力等能源的消耗
量较大。

北京市第一产业和建筑业能源消费较少，二者之和占能源消费总量的比重
低于 5% 且变化平缓，2005～2010 年能源消费均呈逐年上升趋势，年均增长分
别约为 3.12%、10.49%，2010 年分别达到约 99 万吨标准煤、167 万吨标准
煤，但 2011 开始呈现明显下降趋势，年均下降约 3.45%、5.23%，2016 年分
别降至约 80 万吨标准煤、120 万吨标准煤。

2.1.1.2　北京市分行业能源强度演变

根据表 2-1 中给出的北京市地区生产总值及各产业增加值、能源消费
总量及各产业能源消费量等数据，可计算得到 2005～2016 年北京市整体及
第一产业、第二产业、工业、建筑业、第三产业等的能源强度，如表 2-4
所示。

表2-4　　　　　　　　2005～2016年北京市能源强度数据　　　单位：吨标准煤/万元

年份	整体	第一产业	第二产业	工业	建筑业	第三产业
2005	0.7072	0.9770	1.1554	1.3056	0.3179	0.3538
2006	0.6703	1.0341	1.0703	1.2200	0.2739	0.3441
2007	0.6238	1.0674	0.9575	1.0849	0.2614	0.3338
2008	0.5760	1.0440	0.8704	0.9758	0.2778	0.3232
2009	0.5439	1.0211	0.7888	0.8786	0.2975	0.3099
2010	0.5214	1.0645	0.7439	0.8182	0.3014	0.2975
2011	0.4851	1.0426	0.6375	0.6919	0.2794	0.2909
2012	0.4609	1.0103	0.5723	0.6220	0.2404	0.2828
2013	0.4384	0.9700	0.5310	0.5833	0.1877	0.2749
2014	0.4147	0.9200	0.4770	0.5276	0.1664	0.2660
2015	0.3892	0.9551	0.4402	0.4967	0.1398	0.2516
2016	0.3702	0.9756	0.4072	0.4638	0.1319	0.2423

（1）北京市整体能源强度演变。

由图2-5可知，虽然2005年以来北京市能源消费总量呈增长趋势，但地区生产总值年均增速约为9.23%，明显高于能源消费增速，使得北京市整体能源强度呈逐年下降趋势，年均下降约为5.71%，2016年降至约0.3702吨标准煤/万元，明显低于京津冀及全国平均水平（0.8741吨标准煤/万元）。

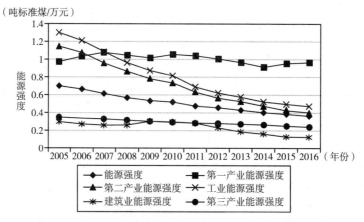

图2-5　2005～2016年北京市总体及分产业能源强度变化趋势

（2）北京市第一产业能源强度演变。

2005年以来第二产业能源强度、工业能源强度及第一产业能源强度等高于北京市能源强度整体水平，其中第一产业能源消费和产值波动频繁且幅度较小，使得第一产业能源强度没有出现明显下降，徘徊在 1 附近。

（3）北京市工业分行业能源强度演变。

2005 年以来北京市第二产业能源强度、工业能源强度均呈明显下降趋势，年均下降分别约为 9.02%、8.94%，2016 年分别降至约 0.4072 吨标准煤/万元、0.4638 吨标准煤/万元，但仍高于北京市整体水平。

利用工业增加值计算的分行业能源强度如表 2-5 所示，工业分行业中能源强度明显高于工业能源强度水平的有黑色金属矿采选业，非金属矿采选业，纺织业，木材加工和木、竹、藤、棕、草制品业，石油加工、炼焦和核燃料加工业，化学原料和化学制品制造业，橡胶和塑料制品业，非金属矿物制品业，黑色金属冶炼及压延加工业，废弃资源综合利用业，电力、热力自 2009 年开始逐渐高于工业平均水平。

利用工业总产值计算的分行业能源强度如表 2-6 所示。能源强度较高的行业包括石油加工、炼焦和核燃料加工业、水的生产和供应业，非金属矿采选业，纺织业，化学原料和化学制品制造业，非金属矿物制品业，燃气的生产和供应业，橡胶和塑料制品业，黑色金属冶炼及压延加工业，造纸和纸制品业，木材加工和木、竹、藤、棕、草制品业等。

（4）北京市第三产业分行业能源强度演变。

2005 年以来北京市第三产业能源强度和建筑业能源强度等低于北京市能源强度整体水平，其中第三产业能源强度呈逐年下降趋势，年均下降约 3.38%，2016 年降至约 0.2423 吨标准煤/万元，建筑业能源强度一直维持在较低水平，在 2010 年后下降趋势明显，年均下降约 12.69%，2016 年降至约 0.1319 吨标准煤/万元，主要原因在于 2010 年后建筑业能源消费下降明显，但产值却以约 8.66% 的速度快速增长。

如表 2-7 所示，14 个行业的能源强度在 2005~2016 年虽然波动频繁，但总体上均呈下降趋势，其中居民服务、修理和其他服务业，卫生和社会工作等行业的能源强度年均下降速度分别约为 10.43%、10.2%，2016 年分别降至约 0.1962、0.1333 吨标准煤/万元，科学研究和技术服务业，租赁和商务服务业，教育，房地产业等行业能源强度年均下降速度分别约为 9.67%、8.45%、8.3%、8.07%，2016 年分别降至约 0.0763、0.1118、0.1863、0.2298 吨标准煤/万元。

表 2—5 　　2005~2016 年北京市工业分行业能源强度（利用工业增加值计算）

单位：吨标准煤/万元

行业	2005年	2006年	2007年	2008年	2009年	2010年	2011年	2012年	2013年	2014年	2015年	2016年
煤炭开采和洗选业	0.0709	0.2655	0.1527	0.1140	0.1136	0.0673	0.0757	0.0991	0.1344	0.1813	—	—
石油和天然气开采业	0.0014	0.0034	0.1496	0.4637	0.3578	—	0.2711	—	0.3326	1.3114	—	—
黑色金属矿采选业	0.9856	2.4728	1.0043	0.4120	1.0143	9.3417	2.2207	3.3394	—	—	6.3288	—
非金属矿采选业	2.6049	8.6140	8.0874	4.4576	5.2216	11.6738	—	—	3.4205	1.1207	—	—
农副食品加工业	0.1594	1.4836	1.2491	1.5314	1.3115	0.8399	0.8914	0.8884	0.5734	0.4914	0.4699	0.4570
食品制造业	0.2446	0.8266	0.8067	0.9031	0.6892	0.7452	0.7169	0.7814	0.7718	0.7688	0.8319	0.6762
酒、饮料和精制茶制造业	0.3894	1.1483	1.1757	1.0120	0.8123	0.9009	0.8691	0.7451	0.5347	0.5646	0.4992	0.4866
烟草制品业	0.0619	0.0873	0.0598	0.0505	—	—	—	—	—	—	—	—
纺织业	0.3068	1.0297	0.8584	1.0056	0.8975	0.9200	0.7212	1.9588	1.3724	1.6898	2.0599	1.5840
纺织服装、服饰业	0.2226	0.7015	0.6169	0.5400	0.5146	0.4293	0.4509	0.4028	0.2673	0.2563	0.2779	0.2530
皮革、毛皮、羽毛及其制品和制鞋	0.2005	2.1585	1.1911	0.5621	0.4267	0.4656	0.6770	0.7326	0.4146	0.4402	0.6631	0.6299
木材加工和木、竹、藤、棕、草业	0.5323	2.7552	1.5768	2.2539	1.7622	1.8902	3.8254	2.9502	2.4366	2.3759	1.6257	1.0252
家具制造业	0.2270	0.7459	0.6783	0.5645	0.5471	0.4868	0.6331	0.5059	0.3823	0.4128	0.4069	0.4150
造纸和纸制品业	0.3694	1.2267	0.9731	0.8138	0.6816	0.8183	0.7304	0.8038	0.5603	0.5287	0.5123	0.5149
印刷和记录媒介复制业	0.2725	0.6937	0.6340	0.5395	0.5131	0.5219	0.5860	0.6062	0.4870	0.4685	0.5450	0.4824
文教、工美、体育和娱乐用品制造	0.1969	0.7588	0.9028	1.0848	0.8937	0.7038	0.9822	0.4915	0.5010	1.3558	0.5733	1.4400
石油加工、炼焦和核燃料加工业	1.1078	1.5005	1.2102	3.0600	3.9306	3.1632	5.0634	4.4753	4.7692	3.1539	2.6347	2.6297
化学原料和化学制品制造业	0.8573	3.6174	2.8501	2.5774	2.1074	2.3131	2.4702	2.8216	2.0268	1.5670	1.6209	1.1555

续表

行业	2005 年	2006 年	2007 年	2008 年	2009 年	2010 年	2011 年	2012 年	2013 年	2014 年	2015 年	2016 年
医药制造业	0.1596	0.4003	0.2907	0.2107	0.1982	0.1815	0.1653	0.1487	0.1264	0.1141	0.1159	0.1059
化学纤维制造业	0.1506	1.3616	1.0164	1.1532	1.3214	1.6180	—	—	—	—	—	—
橡胶和塑料制品业	0.4358	1.9491	1.6116	1.4676	1.2862	1.3307	1.4426	1.5489	1.1722	0.9259	1.1663	1.0792
非金属矿物制品业	1.5716	6.1748	5.9191	4.9738	3.1639	3.1295	3.3624	2.9585	2.5259	2.2427	1.9708	1.5479
黑色金属冶炼及压延工业	1.2166	2.8334	2.8706	4.1514	6.2536	0.9523	1.6435	4.4456	2.1310	2.4225	9.8067	4.4753
有色金属冶炼及压延工业	0.1364	0.9811	1.2099	1.0187	1.1726	0.9885	0.5703	0.5359	0.4817	0.5815	0.6039	0.3884
金属制品业	0.2044	0.9353	0.6199	0.6281	0.6439	0.6240	0.6722	0.6095	0.6251	0.5408	0.4344	0.4319
通用设备制造业	0.1380	0.5239	0.4031	0.3614	0.3331	0.2715	0.2782	0.2947	0.2475	0.2060	0.2265	0.2312
专用设备制造业	0.0992	0.3995	0.3742	0.3231	0.3216	0.2440	0.2354	0.1996	0.1536	0.1779	0.1527	0.1671
交通运输设备制造业	0.0783	0.4532	0.3464	0.3341	0.2582	0.2030	0.1763	0.2054	0.1463	0.1455	0.1390	0.1216
电气机械和器材制造业	0.0638	0.2857	0.1885	0.1889	0.1443	0.1813	0.2072	0.2319	0.1592	0.1518	0.1356	0.1789
计算机、通信和其他电子设备制造	0.0307	0.1922	0.1683	0.2080	0.2558	0.2285	0.3411	0.3398	0.2843	0.2816	0.2755	0.4475
仪器仪表制造业	0.0340	0.1174	0.0885	0.1187	0.1173	0.1021	0.1332	0.1506	0.1190	0.1184	0.1077	0.1054
其他制造业	0.4154	0.8119	0.4256	0.3795	0.4148	0.6171	0.3661	0.5162	0.2282	0.3522	0.1821	0.3404
废弃资源综合利用业	0.6943	1.3262	1.5012	1.7820	2.4901	2.5791	2.2207	2.8017	1.1617	0.8214	0.8707	0.8590
电力、热力的生产和供应业	0.4336	1.0737	0.7037	0.7449	0.9082	0.8386	0.8571	0.7469	0.7466	0.6126	0.5891	0.5334
燃气生产和供应业	0.1176	0.3668	0.1746	0.1411	0.1350	0.3204	0.4778	0.3460	0.1819	1.3226	0.8768	2.0182
水的生产和供应业	0.5557	1.8442	2.2699	1.6712	1.6706	3.5038	1.9633	2.0632	1.9615	1.2123	1.1019	1.3809

表 2—6　2005～2016 年北京市工业分行业能源强度（利用工业总产值计算）

单位：吨标准煤/万元

行业	2005 年	2006 年	2007 年	2008 年	2009 年	2010 年	2011 年	2012 年	2013 年	2014 年	2015 年	2016 年
煤炭开采和洗选业	0.0678	0.0521	0.0357	0.0219	0.0141	0.0096	0.0089	0.0079	0.0087	0.0101	—	—
石油和天然气开采业	0.0014	0.0017	0.0763	0.1885	0.1566	—	—	0.8746	0.0811	—	—	—
黑色金属矿采选业	1.0043	1.0244	0.5763	0.3005	0.5344	2.7023	0.6993	—	0.8784	0.1156	0.1420	0.1369
非金属矿采选业	2.5479	2.4513	2.4452	1.0066	1.1910	1.2741	—	—	—	0.5225	—	—
农副食品加工业	0.1525	0.1553	0.1270	0.1061	0.1012	0.0944	0.0877	0.0882	0.0709	0.0684	0.0659	0.0588
食品制造业	0.2395	0.2317	0.2138	0.1930	0.1748	0.1684	0.1457	0.1334	0.1166	0.1076	0.1054	0.1003
酒、饮料和精制茶制造业	0.3808	0.3716	0.3433	0.3026	0.2685	0.2607	0.2382	0.2166	0.1660	0.1620	0.1562	0.1530
烟草制品业	0.0615	0.0582	0.0439	0.0384	—	—	—	—	—	—	—	—
纺织业	0.2870	0.2626	0.2293	0.2305	0.2316	0.1927	0.1684	0.2370	0.1892	0.2664	0.3643	0.3102
纺织服装、服饰业	0.2123	0.2135	0.1953	0.1641	0.1614	0.1298	0.1464	0.1466	0.1012	0.1040	0.1114	0.1036
皮革、毛皮、羽毛及其制品和制鞋业	0.2011	0.3203	0.2162	0.1097	0.1039	0.0805	0.1074	0.1176	0.0984	0.1025	0.1125	0.1337
木材加工和木、竹、藤、棕、草业	0.5293	0.4131	0.2654	0.2543	0.2584	0.3012	0.4510	0.4694	0.4660	0.4118	0.2957	0.1701
家具制造业	0.2208	0.1746	0.1538	0.1398	0.1232	0.1137	0.1400	0.1231	0.1035	0.0958	0.0909	0.0950
造纸和纸制品业	0.3584	0.3089	0.2271	0.2140	0.2124	0.2151	0.2238	0.2438	0.1749	0.1814	0.1788	0.1727
印刷和记录媒介复制业	0.2709	0.2323	0.2219	0.1930	0.1950	0.1927	0.2305	0.2516	0.2058	0.1988	0.2139	0.2024
文教、工美、体育和娱乐用品制造	0.1984	0.2302	0.2156	0.2271	0.2304	0.1977	0.2577	0.0734	0.0552	0.0529	0.0360	0.0271
石油加工、炼焦和核燃料加工业	1.1176	1.3031	1.1454	0.9371	0.9939	0.7089	0.6889	0.6371	0.6107	0.5645	0.8089	8.8380
化学原料和化学制品制造业	0.8413	0.7565	0.6505	0.5083	0.4702	0.5426	0.5170	0.4578	0.3235	0.2774	0.3586	0.2977

续表

行业	2005年	2006年	2007年	2008年	2009年	2010年	2011年	2012年	2013年	2014年	2015年	2016年
医药制造业	0.1553	0.1438	0.1173	0.0920	0.0860	0.0747	0.0672	0.0608	0.0536	0.0483	0.0478	0.0437
化学纤维制造业	0.1423	0.1842	0.3136	0.4476	0.5749	0.5631	—	—	—	—	—	—
橡胶和塑料制品业	0.4331	0.3912	0.3317	0.3005	0.2946	0.0843	0.2984	0.3150	0.2708	0.2427	0.2598	0.2679
非金属矿物制品业	1.5448	1.3319	1.2072	0.9258	0.7880	0.6878	0.6092	0.5101	0.4141	0.3448	0.3385	0.2978
黑色金属冶炼及压延加工业	1.2093	1.1760	1.1046	0.7719	0.9534	0.0644	0.1449	0.1987	0.1809	0.1852	0.2227	0.2047
有色金属冶炼及压延加工业	0.1353	0.1181	0.1080	0.1228	0.1472	0.1318	0.1056	0.0977	0.0840	0.0766	0.0800	0.0752
金属制品业	0.1963	0.1738	0.1317	0.1229	0.1332	0.1236	0.1373	0.1259	0.1186	0.1122	0.1106	0.1060
通用设备制造业	0.1355	0.1230	0.0981	0.0875	0.0858	0.0701	0.0712	0.0731	0.0599	0.0551	0.0602	0.0578
专用设备制造业	0.0946	0.1087	0.0955	0.0833	0.0854	0.0637	0.0582	0.0510	0.0395	0.0400	0.0414	0.0424
交通运输设备制造业	0.0780	0.0663	0.0639	0.0612	0.0482	0.0427	0.0397	0.0427	0.0333	0.0297	0.0292	0.0256
电气机械和器材制造业	0.0618	0.0625	0.0485	0.0453	0.0306	0.0350	0.0366	0.0432	0.0302	0.0299	0.0258	0.0312
计算机、通信和其他电子设备制造	0.0295	0.0268	0.0230	0.0252	0.0246	0.0246	0.0344	0.0403	0.0390	0.0354	0.0371	0.0410
仪器仪表制造业	0.0330	0.0365	0.0290	0.0330	0.0349	0.0296	0.0350	0.0400	0.0314	0.0314	0.0321	0.0312
其他制造业	0.4075	0.2422	0.1309	0.1140	0.0958	0.0854	0.0640	0.1159	0.0638	0.1058	0.0613	0.1009
废弃资源综合利用业	0.7200	0.3792	0.4226	0.5988	0.6389	0.3400	0.2064	0.2022	0.1474	0.1438	0.1544	0.2320
电力、热力的生产和供应业	0.4337	0.3051	0.2341	0.2149	0.2070	0.1619	0.1684	0.1327	0.1203	0.1022	0.0955	0.0946
燃气生产和供应业	0.1171	0.2668	0.1257	0.0302	0.0269	0.0584	0.0721	0.0542	0.2421	0.2138	0.1183	0.2736
水的生产和供应业	0.5518	0.5208	0.5398	0.7273	0.7721	0.7560	0.6957	0.6983	0.8015	0.6014	0.5554	0.6149

表2-7　2005~2016年北京市第三产业分行业能源强度

单位：吨标准煤/万元

行业	2005年	2006年	2007年	2008年	2009年	2010年	2011年	2012年	2013年	2014年	2015年	2016年
批发和零售业	0.2237	0.1865	0.1848	0.1368	0.1356	0.1020	0.0988	0.0994	0.0811	0.0805	0.0844	0.0892
交通运输、仓储和邮政	1.3970	1.5764	1.6900	1.9923	1.8420	1.5517	1.4659	1.5130	1.3138	1.2697	1.2692	1.2372
住宿和餐饮业	1.0964	0.9273	1.0194	0.7945	0.8413	0.7545	0.7264	0.7031	0.7539	0.8027	0.7522	0.7000
信息传输、软件和信息技术服务业	0.0892	0.0848	0.0841	0.0883	0.0900	0.0886	0.0830	0.0799	0.0716	0.0695	0.0675	0.0645
金融业	0.0328	0.0286	0.0261	0.0257	0.0254	0.0232	0.0230	0.0214	0.0208	0.0204	0.0170	0.0151
房地产业	0.6212	0.4692	0.3876	0.4097	0.3428	0.3871	0.3639	0.3308	0.2814	0.2821	0.2620	0.2298
租赁和商务服务业	0.3195	0.2725	0.2049	0.2163	0.2362	0.1914	0.1571	0.1464	0.1204	0.1235	0.1104	0.1118
科学研究和技术服务业	0.2461	0.2146	0.1796	0.1655	0.1506	0.1304	0.1275	0.1292	0.0902	0.0790	0.0768	0.0763
水利、环境和公共设施管理业	0.5789	0.5832	0.7466	0.6038	0.5631	0.5335	0.5450	0.4591	0.4421	0.4464	0.3311	0.3060
居民服务、修理和其他服务业	0.8090	0.8494	0.7151	0.4257	0.4547	0.3441	0.4126	0.3792	0.2909	0.2109	0.2121	0.1962
教育	0.4964	0.4793	0.4324	0.4106	0.4120	0.3866	0.3396	0.3269	0.2503	0.2373	0.2188	0.1863
卫生和社会工作	0.4436	0.3895	0.3235	0.3086	0.3033	0.2628	0.2301	0.2037	0.1916	0.1806	0.1453	0.1333
文化、体育和娱乐业	0.2573	0.2399	0.2021	0.2161	0.2288	0.2040	0.2058	0.1775	0.1381	0.1390	0.1368	0.1337
公共管理、社会保障和社会组织	0.3467	0.2821	0.2700	0.2799	0.2716	0.2453	0.2193	0.2041	0.2100	0.2067	0.1564	0.1359

如图 2 - 6 所示，交通运输、仓储和邮政业，住宿和餐饮业，水利、环境和公共设施管理业，房地产业，居民服务、修理和其他服务业，教育等行业的能源强度较高，交通运输、仓储和邮政业，住宿和餐饮业，水利、环境和公共设施管理业，房地产业等行业的能源强度明显高于第三产业整体水平，居民服务、修理和其他服务业，教育等行业的能源强度自 2013 年开始小于第三产业整体水平；交通运输、仓储和邮政业能源强度的年均下降速度约为 0.62%，低于第三产业整体下降速度，水利、环境和公共设施管理业，住宿和餐饮业能源强度的年均下降速度分别约为 4.74%、3.5%，略高于第三产业整体下降速度。金融业，信息传输、软件和信息技术服务业，批发和零售业，科学研究和技术服务业等行业的能源强度水平较低，2016 年分别约为 0.0151 吨标准煤/万元、0.0645 吨标准煤/万元、0.0892 吨标准煤/万元、0.0763 吨标准煤/万元，每万元能源消费均低于 0.1 吨标准煤。

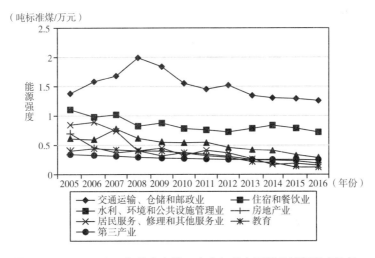

图 2 - 6　2005 ~ 2016 年北京市第三产业与其主要部门能源强度比较

2.1.2　天津市分行业能源强度演变特征

2.1.2.1　天津市分行业能源消费演变

2005 ~ 2016 年天津市的地区生产总值及其构成、能源消费总量及第一、第二、第三产业和生活消费等的终端能源消费以及工业的能源消费总量等数据可通过《天津统计年鉴 2017》获得；由于加工转换投入产出量和损失量主要来源是第二产业，因此第一、第三产业及生活消费等能源消费总量与终端能源消费基本一致，第二产业能源消费总量＝能源消费总量－（第一、第二、第三产业及生活消费等能源消费总量之和），建筑业能源消费总量＝第二产业能源消费总量－工业能源消费总量；为剔除价格变动的干扰，在此采用 2005 年不变价，整理得到的相关数据如表 2 - 8 所示。

表 2 - 8　　　　　　　2005～2016 年天津市地区生产总值及其构成、
能源消费总量及其构成等

年份	地区生产总值/亿元						能源消费/万吨标准煤						
		第一产业	第二产业	工业	建筑	第三产业		第一产业	第二产业	工业	建筑	第三产业	生活消费
2005	3948	112	2166	1988	178	1670	3709	63	2600	2515	86	585	461
2006	4532	116	2519	2310	208	1898	4100	66	2934	2832	102	619	481
2007	5239	118	2940	2710	230	2183	4431	68	3185	3071	114	660	517
2008	6114	121	3477	3225	252	2517	4805	67	3427	3282	145	733	578
2009	7129	125	4107	3822	287	2900	5243	72	3704	3546	159	797	669
2010	8384	130	4945	4620	323	3312	6085	78	4454	4276	178	882	671
2011	9776	135	5859	5521	351	3802	6781	87	5065	4869	196	933	696
2012	11144	139	6768	6410	381	4281	7326	94	5432	5226	205	1017	783
2013	12537	144	7596	7227	424	4845	7882	99	5835	5622	213	1104	844
2014	13804	148	8355	7957	463	5354	8145	101	5985	5768	216	1164	895
2015	15101	152	9124	8697	499	5874	8260	105	5904	5673	231	1238	1014
2016	16475	156	9891	9437	537	6461	8245	110	5766	5529	237	1309	1060

（1）天津市整体能源消费演变。

由图 2 - 7 可知，2005～2015 年天津市能源消费总量呈逐年增长趋势，2015 年能源消费总量约为 8260 万吨标准煤，较 2005 年和 2010 年分别增长了约 122.7%、35.74%，年均增长约 8.4%，但 2010 年开始年均增速呈逐年下降趋势，2015 年较 2014 年仅增长约 1.41%，2016 年能源消费总量较 2015 年减少了约 15 万吨标准煤。

（2）天津市工业分行业能源消费演变。

如图 2 - 8 所示，工业能源消费占能源消费总量的比重最大，长期稳定在 70% 左右，2005～2014 年工业能源消费呈逐年增长趋势，年均增长约 9.77%，2014 年达到约 5768 万吨标准煤，较 2005 年和 2010 年分别增长了约 129.34%、34.89%，2015 年开始工业能源消费呈下降趋势，年均下降约 2.09%，2016 年降至约 5529 万吨标准煤。

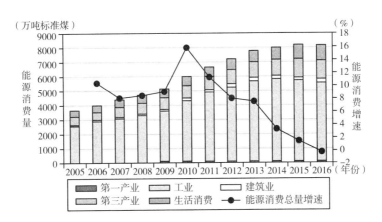

图 2 – 7　2005～2016 年天津市能源消费总量及其产业构成变化情况

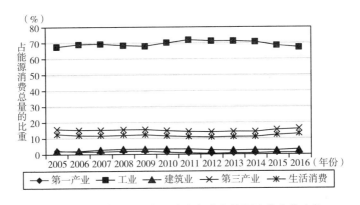

图 2 – 8　2005～2016 年天津市各产业能源消费占比变化

由表 2 – 9 可知，天津市工业对煤炭、焦炭、热力、电力、其他石油制品等能源的依赖性较高，其中煤炭、焦炭和热力的消耗量自 2014 年开始呈下降趋势，电力消耗量在 2005～2013 年呈上升趋势，自 2014 年开始趋于稳定，而其他石油制品的消耗一直呈上升趋势，年均上升约 13.09%；其中黑色金属冶炼及压延加工业，化学原料及化学制品制造业，非金属矿物制品业等对煤炭的消耗占工业煤炭消耗的比重较大，非金属矿物制品业对煤炭的消耗不断下降，2016 年已降至 30.78 万吨，黑色金属冶炼及压延加工业对焦炭的消耗占工业焦炭消耗的绝大多数，高达 95% 以上，黑色金属冶炼及压延加工业，化学原料及化学制品制造业，电力、热力的生产和供应业等对电力的消耗占工业电力消耗的比重较大，三者之和所占比重约在 50%，随着非金属矿采选业，医药制造业，纺织业等对热力消耗所占比重的下降，化学原料及化学制品制造业，石油加工、炼焦和核燃料加工业，农副食品加工业，食品制造业，电力、热力的生产和供应业成为消耗热力比重最大的行业，尤其是化学原料及化学制品制造业对热力消耗比重稳居在50%以上，化学原料及化学制品制造业，石油加工、炼焦和核燃料加工业等对其他石油制品的消耗几乎是工业的全部，2010年以前，石油加工、炼焦和核燃料加工业对其他石油制品的消耗占绝大多数，约在85%以上，自2010年开始，化学原料及化学制品制造业开始占据绝对主导位置，约在95%以上。

表2-9　　　　　　2005～2016年天津市工业主要能源终端消费量

年份	煤炭/万吨	焦炭/万吨	原油/万吨	汽油/万吨	柴油/万吨	燃料油/万吨	天然气/亿立方米	热力/万MJ	电力/亿kWh	其他石油制品/万吨
2005	841.23	329.06	23.48	9.39	24.11	53.86	3.99	5325.54	269.53	122.50
2006	824.13	541.1	15.4	9.87	26.74	48.16	4.92	5719.63	305.18	124.20
2007	860.35	667.75	12.1	9.49	27.8	36.9	6.92	5721.42	352.68	130.34
2008	843.27	719.23	18.96	13.1	41.29	25.54	8.78	5424.21	363.73	215.17
2009	839.55	868.65	16.97	12.42	43.53	21.56	9.16	5729.95	382.32	217.02
2010	883.68	663.29	20.6	11.55	41.82	9.23	12.79	7486.22	456.86	175.41
2011	939.63	708.23	19.31	11.63	48.7	9.79	14.56	8579.47	489.95	238.82
2012	970.08	882.72	11.13	11.88	48.73	2.92	16.25	9697.15	503.22	280.80
2013	1050.51	955.48	11.77	11.96	44.14	1.44	18.86	9213.25	547.98	321.30
2014	954.75	954.39	10.82	10.95	45.94	3.22	21.03	9053.27	539.89	342.90
2015	808.27	904.69	10.37	13.02	40.22	8.01	25.17	8600.61	544.27	383.24
2016	693.88	870.46	9.72	9.43	40.04	7.37	25.54	8251.21	536.87	399.47

《天津统计年鉴》只给出了工业分行业煤炭、焦炭、原油、汽油、柴油、燃料油、天然气、热力、电力等主要能源终端消费实物量，为计算分行业能源消费总量，需要将各品种能源消费实物量转化为标准量，折标系数采用《中国能源统计年鉴》给出的各种能源折标准煤参考系数，如表2-10所示。2005～2016年天津市工业分行业能源消费总量如表2-11所示。

表2-10　　　　　　　　各种能源折标煤参考系数

能源名称	原煤	焦炭	原油 & 燃料油	汽油 & 煤油	柴油	天然气	热力	电力
折标煤系数	0.7143 (tce/t)	0.9714 (tce/t)	1.4286 (tce/t)	1.4714 (tce/t)	1.4571 (tce/t)	0.0133 (tce/m³)	0.03412 (tce/10³J)	0.1229 (kgce/kWh)

表 2 - 11　2005~2016 年天津市工业分行业能源消费总量

单位：万吨标准煤

行业	2005 年	2006 年	2007 年	2008 年	2009 年	2010 年	2011 年	2012 年	2013 年	2014 年	2015 年	2016 年
煤炭开采和洗选业	0.01	0.06	0.01	0.03	0.07	0.93	1.66	2.13	3.06	4.35	5.35	2.08
石油和天然气开采业	94.80	81.94	82.08	111.64	115.43	101.00	116.94	62.48	61.70	62.56	72.62	65.70
黑色金属矿采选业	—	—	—	—	0.00	0.10	20.84	30.21	31.69	39.20	38.11	35.46
非金属矿采选业	4.23	4.44	4.33	4.68	4.74	3.80	4.78	4.49	4.26	3.50	2.87	2.67
农副食品加工业	10.54	11.76	11.10	10.80	11.91	12.41	12.31	15.36	17.78	17.75	17.86	16.49
食品制造业	13.58	13.50	14.46	15.37	14.37	15.29	28.11	29.89	29.45	29.56	30.57	26.61
酒、饮料和精制茶制造业	34.28	32.72	39.40	33.91	13.35	11.55	10.13	10.29	9.59	10.41	7.52	8.27
烟草制品业	2.20	2.24	1.80	1.81	1.76	1.90	1.73	1.28	0.89	0.86	1.01	0.97
纺织业	33.28	31.46	26.22	21.14	16.17	15.82	14.18	11.86	12.09	11.68	9.23	7.77
纺织服装、服饰业	9.87	7.76	7.75	7.31	6.97	6.46	5.56	6.26	6.73	6.11	5.70	5.88
皮革、毛皮、羽毛及其制品和制鞋业	2.37	2.17	1.94	1.64	1.00	1.42	1.41	2.59	2.36	1.83	1.25	1.38
木材加工和木、竹、藤、棕、草业	4.93	6.23	2.77	3.76	2.68	1.49	1.17	1.37	1.62	1.26	1.25	1.23
家具制造业	4.78	6.17	4.06	4.53	3.77	3.44	3.09	2.80	2.91	2.66	2.71	3.07
造纸和纸制品业	22.21	15.03	13.92	16.12	15.56	30.63	24.89	28.83	33.70	29.70	30.84	23.14
印刷和记录媒介复制业	2.88	2.61	2.62	2.74	3.40	2.83	2.03	2.62	2.78	3.84	9.51	4.30
文教、工美、体育和娱乐用品制造业	2.47	3.67	3.14	2.14	2.56	3.68	2.17	5.29	5.64	7.71	6.55	6.66
石油加工、炼焦和核燃料加工业	31.77	48.21	45.59	41.29	39.02	80.04	75.56	46.72	53.04	52.94	72.34	65.81
化学原料和化学制品制造业	190.77	194.93	206.73	211.14	193.27	179.42	215.17	241.67	261.01	272.83	245.93	224.06

续表

行业	2005 年	2006 年	2007 年	2008 年	2009 年	2010 年	2011 年	2012 年	2013 年	2014 年	2015 年	2016 年
医药制造业	18.99	20.20	20.88	21.69	18.45	19.48	15.60	17.83	20.41	18.92	18.13	17.78
化学纤维制造业	3.72	3.64	0.59	0.87	0.57	0.27	0.67	1.34	1.18	0.80	0.75	0.66
橡胶和塑料制品业	34.66	40.92	43.79	40.54	39.09	42.74	40.18	40.61	43.16	41.40	41.45	39.94
非金属矿物制品业	99.51	100.59	102.54	99.04	99.81	84.75	88.31	94.62	115.52	106.41	86.53	86.90
黑色金属冶炼及压延加工业	609.35	849.19	1040.46	1076.74	1304.74	1200.44	1262.35	1454.05	1565.51	1521.04	1438.11	1327.10
有色金属冶炼及压延加工业	7.63	8.82	8.20	12.46	13.62	13.72	19.47	26.24	32.11	29.64	31.79	34.43
金属制品业	32.88	31.89	37.46	43.88	42.97	52.64	55.11	68.32	78.99	76.37	76.92	79.78
通用设备制造业	25.31	25.20	27.75	33.44	34.21	42.87	45.85	21.84	22.33	22.57	24.00	25.72
专用设备制造业	6.16	8.10	7.48	18.10	18.71	19.62	21.57	24.28	67.57	67.99	65.58	53.08
交通运输设备制造业	30.96	33.62	38.13	50.26	47.24	48.76	53.79	59.37	63.05	59.89	64.98	70.52
电气机械和器材制造业	19.11	18.50	25.83	20.20	16.24	17.09	18.69	21.94	24.26	23.19	28.46	26.16
计算机、通信和其他电子设备制造	32.57	33.68	31.74	28.34	26.54	32.72	37.77	39.73	36.14	34.92	35.26	31.97
仪器仪表制造业	2.48	2.41	2.71	1.71	1.47	2.00	1.96	1.41	1.53	1.05	0.92	0.97
其他制造业	6.54	4.95	3.73	6.45	5.48	5.63	4.44	1.53	1.94	3.04	2.81	2.51
废弃资源综合利用业	0.12	0.14	0.58	1.02	0.86	1.09	0.95	1.01	2.40	4.53	4.58	4.45
电力、热力的生产和供应业	61.15	47.08	47.15	58.98	52.62	63.94	69.64	62.09	74.77	72.20	69.30	123.68
燃气生产和供应业	3.39	2.74	0.81	1.29	0.81	3.49	1.11	1.31	1.32	1.33	2.32	0.79
水的生产和供应业	3.02	2.95	2.80	2.93	2.71	4.45	5.71	6.02	6.66	7.03	6.55	6.18

天津市工业高耗能行业包括黑色金属冶炼和压延加工业，化学原料及化学制品制造业，电力、热力生产和供应业，非金属矿物制品业，金属制品业，交通运输设备制造业，石油加工、炼焦及核燃料、石油和天然气开采业等。由于化学原料及化学制品制造业，石油加工、炼焦及核燃料消耗了大量的其他石油制品，但没有转化为标准量，因此表中数据低估了两个行业的能源消费量。图2-9 描述了 2005~2016 年黑色金属冶炼和压延加工业，非金属矿物制品业，电力、热力生产和供应业等行业能源消费的变化情况。自 2007 年以来黑色金属冶炼和压延加工业能源消费量维持在 1000 万吨标准煤以上，明显高于其他行业，为便于清楚观察其他行业能源消费变化趋势，将其绘在了次坐标轴上。可以看出，黑色金属冶炼和压延加工业能源消费量在 2013 年之前大体上呈上升趋势，年均增长约 13.32%，但自 2014 年开始呈逐年下降趋势，年均下降约5.34%。电力、热力生产和供应业，金属制品业，交通运输设备制造业等行业的能源消费大体上均呈缓慢增长趋势，年均增长分别约为 9.32%、8.86%、8.17%。石油和天然气开采业能源消费在经历一段波动后，2012 年迅速下降，降幅高达约 46.57%，此后基本稳定在 70 万吨标准煤以内。非金属矿物制品业在 2011~2013 年经历了持续增长（年均增速约为 11.14%）后，2014~2015年明显下降，但 2016 年较 2015 年略有增长。

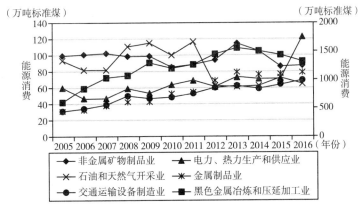

图 2-9 2005~2016 年天津市工业高耗能行业能源消费变化趋势

（3）天津市其他行业能源消费演变。

天津市第三产业能源消费占能源消费总量的比重长期稳定在 15% 左右，2012 年以来呈逐年增加趋势，年均增加约 0.42 个百分点，2005 年以来第三产业能源消费呈逐年增长趋势，年均增长约 7.61%，2016 年达到约 1309 万吨标准煤。

天津市生活消费的能源消费占能源消费总量的比重维持在 12% 左右，2012 年以来呈逐年增加趋势，年均增加约 0.52 个百分点，2005 年以来生活消费的能源消费呈逐年增长趋势，年均增长约 7.96%，2016 年达到约 1060 万吨标准煤。

天津市建筑业和第一产业能源消费虽然均呈稳定增长趋势，年均增速分别约为 9.88%、5.25%，2016 年能源消费量分别约为 237 万吨标准煤、110 万吨标准煤，但二者占能源消费总量的比重较小，二者之和不超过 5%，且变动较平缓。

2.1.2.2 天津市分行业能源强度演变

根据表 2-8 中给出的天津市地区生产总值及各产业增加值数据，可计算得到相应的能源强度，如表 2-12 所示。利用工业总产值计算的 2005~2016 年天津市工业分行业能源强度如表 2-13 所示。其中，能源强度较高的行业包括煤炭开采和洗选业，黑色金属矿采选业，非金属矿采选业，石油加工、炼焦及核燃料、化学原料及化学制品制造业，化学纤维制造业，非金属矿物制品业，黑色金属冶炼和压延加工业，电力、热力生产和供应业，水的生产和供应业等，但总体而言，均呈不断下降态势。

表 2-12   **2005~2016 年天津市能源强度数据**   单位：吨标准煤/万元

年份	整体	第一产业	第二产业	工业	建筑业	第三产业
2005	0.9395	0.5625	1.2004	1.2651	0.4831	0.3503
2006	0.9047	0.5690	1.1647	1.2260	0.4904	0.3261
2007	0.8458	0.5763	1.0833	1.1332	0.4957	0.3023
2008	0.7859	0.5537	0.9856	1.0177	0.5754	0.2912
2009	0.7354	0.5760	0.9019	0.9278	0.5540	0.2748
2010	0.7258	0.6000	0.9007	0.9255	0.5511	0.2663
2011	0.6936	0.6444	0.8645	0.8819	0.5584	0.2454
2012	0.6574	0.6763	0.8026	0.8153	0.5381	0.2376
2013	0.6287	0.6875	0.7682	0.7779	0.5024	0.2279
2014	0.5900	0.6824	0.7163	0.7249	0.4665	0.2174
2015	0.5470	0.6908	0.6471	0.6523	0.4629	0.2108
2016	0.5005	0.7051	0.5830	0.5859	0.4413	0.2026

表 2－13　2005～2016 年天津市工业分行业能源强度

单位：吨标准煤/万元

行业	2005 年	2006 年	2007 年	2008 年	2009 年	2010 年	2011 年	2012 年	2013 年	2014 年	2015 年	2016 年
煤炭开采和洗选业	0.0009	0.0023	0.0003	0.0001	0.0003	0.0014	0.0018	0.0018	0.0021	0.0026	0.0074	0.2159
石油和天然气开采业	0.1997	0.1248	0.1152	0.1117	0.1268	0.0706	0.0645	0.0449	0.0475	0.0514	0.0980	0.1066
黑色金属矿采选业	—	—	—	—	—	0.0022	0.2760	0.3285	0.2829	0.3253	0.0784	0.2776
非金属矿采选业	0.4064	0.5451	0.4506	0.4073	0.3914	0.3237	0.4009	0.3500	0.3470	0.2636	0.2094	0.1890
农副食品加工业	0.0810	0.0785	0.0578	0.0375	0.0362	0.0325	0.0239	0.0187	0.0215	0.0211	0.0180	0.0169
食品制造业	0.1594	0.1518	0.1427	0.1050	0.0616	0.0459	0.0414	0.0313	0.0261	0.0226	0.0220	0.0168
酒、饮料和精制茶制造业	0.5246	0.4527	0.4141	0.3370	0.1355	0.1076	0.0666	0.0731	0.0518	0.0582	0.0449	0.0370
烟草制品业	0.3094	0.1952	0.1341	0.1095	0.0925	0.0720	0.0535	0.0281	0.0177	0.0171	0.0194	0.0183
纺织业	0.4054	0.4442	0.3363	0.2885	0.2665	0.1929	0.1653	0.1417	0.1325	0.1152	0.0756	0.0865
纺织服装、服饰业	0.1106	0.1081	0.1077	0.0910	0.0435	0.0351	0.0241	0.0222	0.0212	0.0187	0.0155	0.0139
皮革、毛皮、羽毛及其制品和制鞋	0.0726	0.0728	0.0694	0.0711	0.0490	0.0646	0.0568	0.0532	0.0441	0.0331	0.0156	0.0124
木材加工和木、竹、藤、棕、草业	0.2319	0.3097	0.1761	0.2172	0.1543	0.0889	0.0680	0.0765	0.1092	0.0739	0.0699	0.0578
家具制造业	0.1153	0.1669	0.1178	0.1303	0.0959	0.0682	0.0567	0.0366	0.0336	0.0300	0.0244	0.0235
造纸和纸制品业	0.4428	0.2918	0.2703	0.2445	0.1873	0.2391	0.1696	0.1521	0.1620	0.1270	0.1351	0.0982
印刷和记录媒介复制业	0.1686	0.1125	0.0937	0.0869	0.0982	0.0735	0.0507	0.0620	0.0346	0.0411	0.0910	0.0380
文教、工美、体育和娱乐用品制造	0.0857	0.1200	0.0889	0.0536	0.0641	0.0750	0.0424	0.0275	0.0161	0.0181	0.0123	0.0130
石油加工、炼焦和核燃料加工业	0.0850	0.1062	0.0878	0.0831	0.0838	0.0848	0.0601	0.0395	0.0385	0.0459	0.0547	0.0524
化学原料和化学制品制造业	0.5607	0.4870	0.4222	0.3643	0.3400	0.1974	0.1863	0.2007	0.2018	0.1878	0.1808	0.1569

续表

行业	2005年	2006年	2007年	2008年	2009年	2010年	2011年	2012年	2013年	2014年	2015年	2016年
医药制造业	0.1359	0.1214	0.1137	0.1100	0.0743	0.0664	0.0472	0.0437	0.0429	0.0384	0.0335	0.0322
化学纤维制造业	0.5581	1.4223	0.1692	0.1243	0.0908	0.0401	0.0721	0.0937	0.0675	0.0488	0.0390	0.1534
橡胶和塑料制品业	0.2176	0.1954	0.1710	0.1325	0.1154	0.1066	0.1013	0.0979	0.0939	0.0766	0.0696	0.0623
非金属矿物制品业	1.0423	1.0026	0.7446	0.4554	0.5114	0.3277	0.3070	0.3013	0.3605	0.2882	0.2161	0.1986
黑色金属冶炼及压延加工业	0.7263	0.7324	0.6143	0.4743	0.4985	0.4380	0.3563	0.3870	0.3832	0.3457	0.3318	0.3093
有色金属冶炼及压延加工业	0.0793	0.0594	0.0475	0.0485	0.0549	0.0302	0.0315	0.0381	0.0372	0.0343	0.0352	0.0374
金属制品业	0.1362	0.1178	0.1090	0.0754	0.0823	0.0775	0.0664	0.0662	0.0683	0.0610	0.0578	0.0563
通用设备制造业	0.1088	0.0898	0.0654	0.0551	0.0539	0.0588	0.0535	0.0263	0.0230	0.0207	0.0200	0.0201
专用设备制造业	0.0507	0.0556	0.0365	0.0426	0.0394	0.0389	0.0356	0.0240	0.0572	0.0599	0.0536	0.0532
交通运输设备制造业	0.0529	0.0420	0.0366	0.0379	0.0315	0.0253	0.0252	0.0255	0.0240	0.0201	0.0181	0.0183
电气机械和器材制造业	0.0572	0.0405	0.0476	0.0298	0.0261	0.0257	0.0230	0.0258	0.0243	0.0205	0.0248	0.0199
计算机、通信和其他电子设备制造业	0.0201	0.0165	0.0160	0.0168	0.0179	0.0190	0.0185	0.0155	0.0119	0.0118	0.0135	0.0158
仪器仪表制造业	0.0486	0.0234	0.0275	0.0125	0.0123	0.0132	0.0150	0.0209	0.0246	0.0175	0.0118	0.0146
其他制造业	0.2329	0.1629	0.0939	0.0989	0.0936	0.0766	0.0471	0.0277	0.0264	0.0306	0.0243	0.0199
废弃资源综合利用业	0.0155	0.0122	0.0256	0.0199	0.0061	0.0144	0.0073	0.0052	0.0119	0.0186	0.0172	0.0188
电力、热力的生产和供应业	0.2119	0.1469	0.1261	0.1402	0.1134	0.1075	0.1046	0.0867	0.0986	0.0901	0.0837	0.1466
燃气生产和供应业	0.2410	0.2192	0.0761	0.0976	0.0263	0.0718	0.0158	0.0157	0.0140	0.0121	0.0199	0.0063
水的生产和供应业	0.2676	0.2200	0.1756	0.1532	0.1328	0.1630	0.1795	0.1603	0.1601	0.1685	0.1545	0.1257

如图 2 - 10 所示，虽然天津市能源消费总量、工业能源消费、建筑业能源消费、第三产业能源消费均在不断增加，但由于天津市地区生产总值、工业增加值、建筑业增加值、第三产业增加值的年均增速分别约为 13.91%、15.29%、10.59%、13.11%，均高于能源消费增速，使得天津市能源强度、工业能源强度、建筑业能源强度、第三产业能源强度均呈逐年下降趋势，年均下降分别约为 5.55%、6.71%、0.65%、4.84%，2016 年分别约为 0.5005 吨标准煤/万元、0.5859 吨标准煤/万元、0.4413 吨标准煤/万元、0.2026 吨标准煤/万元，可以看出工业能源强度明显高于天津市总体水平，但差距在缩小；天津市第一产业增加值年均增速约为 3.06%，低于能源消费增速，使得第一产业能源强度总体上呈上升趋势，年均增速约为 2.12%，2015 年达到约 0.6908 吨标准煤/万元，超过工业能源强度，2016 年约为 0.7051 吨标准煤/万元，差距在拉大。

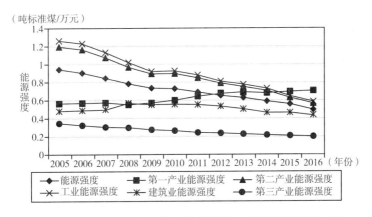

图 2 - 10　2005 ~ 2016 年天津市总体及分产业能源强度变化趋势

2.1.3　河北省分行业能源强度演变特征

2.1.3.1　河北省分行业能源消费演变

2005 ~ 2016 年河北省的地区生产总值及其构成、能源消费总量等数据可通过《河北经济年鉴 2017》获得；2005 年、2006 年和 2012 ~ 2016 年第一、第二（工业、建筑业）、第三产业和生活消费等的能源消费总量等数据可通过相应年份的《河北经济年鉴》获得；相应年份的《河北经济年鉴》给出了 2007 ~ 2011 年第一、第二（工业、建筑业）、第三产业和生活消费等的终端能源消费量，需要根据能源消费总量和终端能源消费量间的关系进行转换；由于2010年及以后能源消费总量数据在第三次经济普查后作了修订，能源消费总量为不包括回收能的商品能源，但相应年份的《河北经济年鉴》没有统计2011年和2012年第一、第二（工业、建筑业）、第三产业和生活消费等的修订后的能源消费数据，因此2011年和2012年分产业数据仍采用修订前数据；为剔除价格变动的干扰，在此采用2005年不变价，整理得到的相关数据如表2-14所示。

表2-14 2005～2016年河北省地区生产总值及其构成、能源消费总量及其构成等

年份	地区生产总值/亿元							能源消费/万吨标准煤					
		第一产业	第二产业	工业	建筑	第三产业			第一产业	第二产业	工业	建筑	第三产业	生活消费
2005	10047	1400	5300	4732	568	3347	19836	532	16055	15852	203	1379	1870
2006	11393	1470	6100	5484	616	3826	21794	560	17777	17556	220	1531	1927
2007	12852	1529	6960	6312	642	4365	23585	583	19346	19114	232	1663	1993
2008	14150	1604	7698	7026	665	4850	24322	612	19885	19640	245	1751	2073
2009	15579	1657	8514	7707	802	5408	25419	645	20772	20507	264	1836	2166
2010	17480	1715	9646	8740	902	6122	26201	713	20882	20563	319	1991	2615
2011	19455	1787	10948	9981	975	6764	28075 (29498)	704	24068	23683	385	2227	2499
2012	21342	1858	12218	11169	1060	7346	28762 (30250)	707	24484	24087	397	2385	2675
2013	23092	1919	13318	12219	1116	7963	29664	574	23654	23389	265	2555	2881
2014	24593	1990	13997	12829	1175	8736	29320	625	23038	22785	253	2660	2997
2015	26265	2042	14655	13394	1271	9714	29395	642	22481	22184	297	2881	3391
2016	28051	2114	15373	14010	1354	10676	29794	648	22326	22014	312	3192	3628

（1）河北省整体能源消费演变。如图2-11所示，河北省能源消费总量除2014年较上一年有所下降外，其余年份呈逐年增长趋势，增速波动频繁，但总体上呈下降趋势，年均增速约为4.31%，2016年能源消费总量约为22326万吨标准煤。其中，煤炭消费占能源消费总量的比重最大，2010年以前高达

90% 以上，2010 年以来呈逐年下降趋势，年均降低约 1.07 个百分点，2005 ~ 2013 年煤炭消费量总体呈增长趋势，年均增长约 4.75%，2013 年达到约 26309.34 万吨标准煤，2014 年开始下降趋势明显，年均下降约 1.26%，2016 年降至约 25328.22 万吨标准煤。河北省石油消费占能源消费的总量徘徊在 7% 左右，2014 年以来上升趋势明显，2016 年突破 8%，上升至 8.63%，石油消费量波动也较频繁，近两年呈增长趋势，平均增速约为 12.12%，2016 年约为 2571.26 万吨标准煤；河北省天然气和一次电力及其他能源消费占能源消费总量的比重较小，但自 2010 年以来上升趋势明显，年均增长分别约为 0.28 个百分点、0.45 个百分点，2016 年分别达到约 3.14%、3.22%，天然气和一次电力及其他能源消费量自 2010 年开始呈显著增长趋势，年均增速分别约为 17.76%、223.57%，2010 年一次电力及其他能源消费较上一年增长了 14.16 倍。

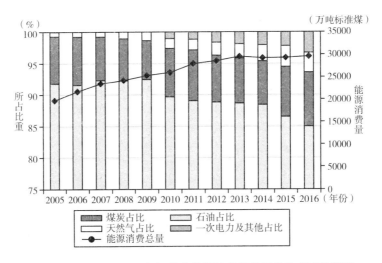

图 2 - 11　2005 ~ 2016 年河北省能源消费总量及其构成变化情况

（2）河北省工业分行业能源消费演变。

图 2 - 12 描述了 2005 ~ 2016 年河北省能源终端消费情况，2005 ~ 2012 年工业能源消费呈逐年增长趋势，年均增速约为 6.28%，2012 年达到约 24087 万吨标准煤，2013 年开始呈逐年下降趋势，年均下降约 2.22%，2016 年降至约 22014 万吨标准煤。

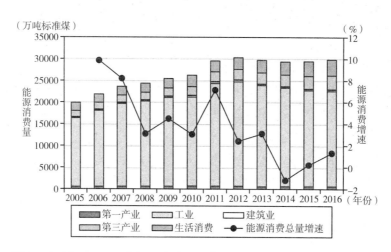

图2-12 2005~2016年河北省能源消费总量增速及其产业构成变化情况

如图2-13所示，2005~2011年工业能源消费占能源消费总量的比重变化趋势不明确，徘徊在80%左右，大多数年份在80%以上，2012年开始呈逐年下降趋势，年均下降约2.09个百分点，2016年降至约73.89%。根据历年《中国能源统计年鉴》中"河北能源平衡表（实物量）"，河北省工业对煤炭、焦炭、热力、电力等能源的消费量较大。

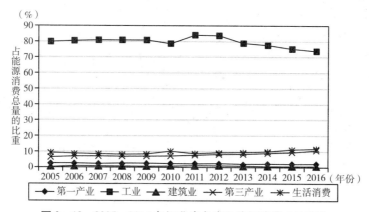

图2-13 2005~2016年河北省各产业能源消费占比变化

2005~2016年河北省工业分行业能源消费量如表2-15所示，河北省工业六大高耗能行业包括煤炭开采和洗选业，石油加工、炼焦及核燃料加工业，化学原料及化学制品制造业，非金属矿物制品业、黑色金属冶炼及压延加工业，电力，热力的生产和供应业，能源消费情况如图2-14所示。

表 2 - 15　2005～2016 年河北省工业分行业能源消费总量

单位：万吨标准煤

行业	2005 年	2006 年	2007 年	2008 年	2009 年	2010 年	2011 年	2012 年	2013 年	2014 年	2015 年	2016 年
煤炭开采和洗选业	839.67	793.68	724.44	804.75	793.35	868.84	938.46	943.96	911.97	909.21	929.53	923.38
石油和天然气开采业	110.85	112.47	123.40	91.91	68.92	64.93	61.36	53.76	54.36	56.01	53.51	52.96
黑色金属矿采选业	89.35	148.66	155.07	189.04	169.76	217.41	231.01	278.38	291.88	262.90	211.17	186.07
非金属矿采选业	15.07	18.02	15.81	13.20	14.30	21.48	19.24	18.02	16.71	20.00	21.92	19.73
农副食品加工业	163.06	196.81	205.49	210.90	207.73	202.30	215.17	221.39	224.82	202.60	180.11	157.93
食品制造业	68.89	92.90	95.31	82.82	65.64	55.27	64.64	74.55	79.30	74.87	74.69	82.72
酒、饮料和精制茶制造业	38.18	43.95	53.76	55.39	51.82	51.82	52.74	47.07	42.00	43.93	41.37	38.06
烟草制品业	3.82	3.99	4.22	4.09	3.66	3.11	2.90	2.82	2.59	2.66	2.66	2.24
纺织业	113.73	140.72	140.90	131.09	127.04	131.88	129.61	133.14	131.37	126.71	113.63	101.13
纺织服装、服饰业	10.17	14.45	13.98	11.71	12.07	13.01	11.57	12.47	16.87	15.16	16.70	16.47
皮革、毛皮、羽毛及其制品和制鞋	21.65	45.63	48.87	43.99	45.84	40.54	38.38	40.57	37.24	34.01	31.17	27.42
木材加工和木、竹、藤、棕、草业	19.87	28.27	35.23	37.73	44.84	43.26	44.66	43.16	43.88	44.21	40.55	34.10
家具制造业	5.12	11.47	11.59	12.73	11.58	14.48	14.24	14.24	14.36	13.61	14.06	14.03
造纸和纸制品业	177.01	195.22	191.89	172.91	154.28	138.96	130.72	125.52	118.94	106.35	107.00	101.35
印刷和记录媒介复制业	3.38	9.02	8.29	8.15	6.21	8.78	7.29	9.19	11.64	13.71	12.84	16.76
文教、工美、体育和娱乐用品制造	0.90	1.62	1.92	1.66	1.85	2.11	1.87	7.18	8.85	10.39	10.26	10.32
石油加工、炼焦和核燃料加工业	730.46	713.88	717.54	588.24	592.49	625.67	779.89	811.10	831.05	699.24	762.78	719.90
化学原料和化学制品制造业	1041.74	1131.59	1276.30	1191.81	1010.17	986.55	1083.38	1119.84	1237.94	1296.31	1288.43	1164.73

续表

行业	2005年	2006年	2007年	2008年	2009年	2010年	2011年	2012年	2013年	2014年	2015年	2016年
医药制造业	97.85	99.74	109.26	105.89	96.13	118.78	124.09	113.00	95.56	95.66	92.44	88.27
化学纤维制造业	47.12	37.84	36.41	30.72	29.88	27.60	27.14	26.22	26.62	23.35	19.67	222.19
橡胶和塑料制品业	81.62	100.34	104.65	111.46	117.83	120.11	97.63	96.51	94.89	92.17	91.33	86.10
非金属矿物制品业	892.68	1132.04	1215.00	1108.40	1093.57	1115.42	1305.76	1190.42	1124.01	1110.86	1011.22	1012.08
黑色金属冶炼及压延加工业	5863.88	6977.67	7735.15	7817.77	8466.07	8812.55	9910.95	10424.23	10765.11	10497.62	10686.81	10938.73
有色金属冶炼及压延加工业	34.24	38.03	40.84	38.12	125.03	35.47	38.58	36.23	42.74	38.33	36.61	34.91
金属制品业	52.57	70.80	96.53	79.81	86.46	84.82	98.85	166.05	190.21	168.66	182.59	172.41
通用设备制造业	73.29	126.54	148.97	132.49	135.77	189.81	245.27	77.71	69.99	66.81	65.47	79.43
专用设备制造业	63.49	50.58	51.94	57.10	59.49	66.09	63.46	74.72	88.30	90.42	69.06	72.28
交通运输设备制造业	74.11	48.71	60.01	58.80	62.88	73.03	81.83	93.57	94.28	93.47	99.07	91.47
电气机械和器材制造业	33.29	37.70	43.12	43.32	48.64	56.03	62.76	66.33	66.90	69.46	65.72	66.05
计算机、通信和其他电子设备制造业	11.37	12.54	13.21	12.68	12.04	18.72	17.79	17.86	17.78	15.60	17.30	16.67
仪器仪表制造业	4.04	4.74	5.74	5.32	5.37	3.99	1.97	1.73	1.47	1.58	1.79	1.63
其他制造业	4.47	5.40	3.81	4.11	3.84	5.00	4.99	1.23	1.86	1.37	3.10	13.09
废弃资源综合利用业	0.68	1.38	1.80	3.06	2.88	3.28	2.46	7.81	6.70	10.99	10.66	11.48
电力、热力的生产和供应业	3174.96	3389.40	3487.80	3407.52	3416.46	3881.98	4074.22	4079.31	4111.76	4018.36	3871.98	3939.87
燃气生产和供应业	3.24	12.50	2.29	2.18	3.44	1.52	1.76	2.07	7.20	3.74	20.14	14.87
水的生产和供应业	6.48	6.48	6.09	6.16	5.91	6.16	4.90	5.42	5.91	6.21	6.57	7.94

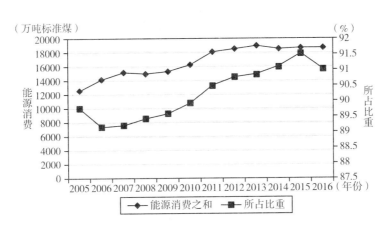

图 2 - 14　2005 ~ 2016 年河北省六大高耗能行业能源消费之和及所占比重变化

如图 2 - 14 所示，六大高耗能行业能耗之和总体上呈增长趋势，年均增速约为 3.8%，占规模以上工业综合能源消费量的比重维持在 90% 左右，2016 年达到约 91.02%；其中，黑色金属冶炼及压延加工业的能耗量较高且呈逐年增长趋势，年均增速约为 5.99%，2016 年达到约 10938.73 万吨标准煤，占规模以上工业综合能源消费量的比重较大且呈逐年上升趋势，2012 年超过 50%，2016 年高达约 53.25%；其次是电力、热力的生产和供应业，能耗量变化趋势不明确，但占规模以上工业综合能源消费量的比重在 20% 左右。

（3）河北省其他行业能源消费演变。

河北省生活消费的能源消费除 2011 年外，呈逐年增长趋势，年均增速约为 7.46%，2016 年达到约 3628 万吨标准煤；2005 ~ 2011 年生活消费的能源消费占能源消费总量的比重变化趋势不明确，徘徊在 9% 左右，2012 年开始上升趋势明朗，年均上升约 0.66 个百分点，2016 年上升至约 12.18%。2005 年以来河北省第三产业能源消费呈逐年增长趋势，年均增速约为 7.96%，2016 年达到约 3192 万吨标准煤；第三产业能源消费占能源消费总量的比重呈逐年上升趋势，年均上升约 0.34 个百分点，2016 年上升至约 10.71%。河北省第一产业和建筑业能源消费较少，虽总体上有上升趋势，但变化平缓，二者之和所占比重不超过 5%。

2.1.3.2　河北省分行业能源强度演变

根据表 2 - 14 中给出的河北省地区生产总值及各产业增加值、能源消费总量及各产业能源消费等数据,可计算得到河北省整体及第一产业、第二产业、工业、建筑业、第三产业等的能源强度,如表 2 – 16 所示。图 2 – 15 描述了2005 ~ 2016 年河北省总体及分产业能源强度变化情况,河北省能源消费总量虽然呈上升趋势,但地区生产总值年均增速约为 9.81%,高于能源消费总量增速,使得河北省总体能源强度呈逐年下降趋势,年均下降约 5.47%,2016年降至约 1.0621 吨标准煤/万元。其中,工业能源强度高于能源强度总体水平,为总体能源强度的下降作出了贡献,2005 年以来,除 2011 年有微弱上升外,其余年份均呈下降趋势,年均下降约 7.34%,2016 年降至约 1.5713 吨标准煤/万元;河北省第一产业、第三产业、建筑业等能源强度较低,2005 年以来波动频繁但幅度较平缓,低于 0.42 吨标准煤/万元,2012 年以来下降趋势较明确,2016 年分别约为 0.3065 吨标准煤/万元、0.299 吨标准煤/万元、0.2304 吨标准煤/万元。

表 2 – 16　　　　　　　2005 ~ 2016 年河北省能源强度数据　　　单位:吨标准煤/万元

年份	整体	第一产业	第二产业	工业	建筑业	第三产业
2005	1.9743	0.3800	3.0292	3.3500	0.3574	0.4120
2006	1.9129	0.3810	2.9143	3.2013	0.3571	0.4002
2007	1.8351	0.3813	2.7796	3.0282	0.3614	0.3810
2008	1.7189	0.3815	2.5831	2.7953	0.3684	0.3610
2009	1.6316	0.3893	2.4397	2.6608	0.3292	0.3395
2010	1.4989	0.4157	2.1648	2.3527	0.3537	0.3252
2011	1.4431	0.3940	2.1984	2.3728	0.3949	0.3292
2012	1.3477	0.3805	2.0039	2.1566	0.3745	0.3247
2013	1.2846	0.2991	1.7761	1.9142	0.2375	0.3209
2014	1.1922	0.3141	1.6459	1.7761	0.2153	0.3045
2015	1.1192	0.3144	1.5340	1.6563	0.2337	0.2966
2016	1.0621	0.3065	1.4523	1.5713	0.2304	0.2990

由于 2009 年、2016 年和 2017 年《河北经济年鉴》没有统计工业分行业工业总产值,因此利用工业总产值只能计算 2005 ~ 2007 年、2009 ~ 2014 年河北省工业分行业能源强度,如表 2 – 17 所示。

表 2-17　2005~2014 年河北省工业分行业能源强度

单位：吨标准煤/万元

行业	2005 年	2006 年	2007 年	2008 年	2009 年	2010 年	2011 年	2012 年	2013 年	2014 年
煤炭开采和洗选业	2.8662	2.2199	1.6448	—	1.0140	0.7849	0.6769	0.6334	0.6781	0.7990
石油和天然气开采业	0.4206	0.3250	0.3387	—	0.4035	0.2841	0.2044	0.1790	0.1862	0.1975
黑色金属矿采选业	0.3073	0.3651	0.2668	—	0.1683	0.1322	0.1051	0.1103	0.1079	0.1067
非金属矿采选业	0.5458	0.4852	0.4589	—	0.2913	0.3078	0.1760	0.1885	0.1456	0.1479
农副食品加工业	0.3307	0.3213	0.2706	—	0.1913	0.1476	0.1231	0.1163	0.1077	0.0909
食品制造业	0.2965	0.3190	0.2643	—	0.1740	0.1285	0.1072	0.1070	0.0961	0.0799
酒、饮料和精制茶制造业	0.3361	0.3285	0.3053	—	0.2313	0.1878	0.1489	0.1219	0.0902	0.0900
烟草制品业	0.0705	0.0650	0.0544	—	0.0364	0.0266	0.0213	0.0171	0.0147	0.0146
纺织业	0.2667	0.2740	0.2414	—	0.1685	0.1354	0.1021	0.0925	0.0816	0.0738
纺织服装、服饰业	0.1123	0.1320	0.1019	—	0.0656	0.0579	0.0402	0.0334	0.0412	0.0358
皮革、毛皮、羽毛及其制品和制鞋业	0.0946	0.1728	0.1502	—	0.0912	0.0650	0.0478	0.0420	0.0319	0.0263
木材加工和木、竹、藤、棕、草业	0.3168	0.3530	0.3239	—	0.3095	0.2811	0.2491	0.2341	0.1874	0.1697
家具制造业	0.1308	0.2272	0.1880	—	0.1412	0.1259	0.0927	0.0756	0.0713	0.0579
造纸和纸制品业	1.1008	1.0510	0.8674	—	0.5390	0.3981	0.2810	0.2402	0.2301	0.2043
印刷和记录媒介复制业	0.0920	0.1656	0.1311	—	0.0701	0.0679	0.0472	0.0450	0.0401	0.0419
文教、工美、体育和娱乐用品制造	0.1020	0.1424	0.1426	—	0.0872	0.0605	0.0422	0.0387	0.0322	0.0321
石油加工、炼焦和核燃料加工业	1.4579	1.1088	0.9213	—	0.5067	0.4085	0.3766	0.3496	0.3908	0.3565
化学原料和化学制品制造业	1.7791	1.5513	1.3401	—	0.9020	0.6599	0.5869	0.5422	0.5208	0.5082

行业	2005 年	2006 年	2007 年	2008 年	2009 年	2010 年	2011 年	2012 年	2013 年	2014 年
医药制造业	0.4542	0.4390	0.3692	—	0.2583	0.2526	0.2238	0.1795	0.1352	0.1249
化学纤维制造业	1.0570	1.0626	0.8350	—	0.7108	0.4966	0.3782	0.3275	0.3389	0.2858
橡胶和塑料制品业	0.3489	0.3537	0.2774	—	0.2118	0.1666	0.1099	0.0959	0.0840	0.0730
非金属矿物制品业	1.9769	1.9284	1.6222	—	1.0270	0.8583	0.7805	0.6646	0.5803	0.5535
黑色金属冶炼及压延加工业	1.7061	1.7324	1.4720	—	1.1459	0.9758	0.8645	0.8826	0.8990	0.9072
有色金属冶炼及压延加工业	0.2313	0.2140	0.1871	—	0.4322	0.0944	0.0798	0.0659	0.0737	0.0691
金属制品业	0.1718	0.1815	0.2002	—	0.1030	0.0770	0.0612	0.0806	0.0780	0.0613
通用设备制造业	0.2601	0.3470	0.2918	—	0.1659	0.1601	0.1526	0.0714	0.0557	0.0478
专用设备制造业	0.3052	0.1776	0.1380	—	0.1191	0.0886	0.0705	0.0632	0.0683	0.0634
交通运输设备制造业	0.2200	0.1155	0.1109	—	0.0692	0.0555	0.0503	0.0501	0.0421	0.0375
电气机械和器材制造业	0.1253	0.0934	0.0771	—	0.0507	0.0447	0.0423	0.0440	0.0380	0.0351
计算机、通信和其他电子设备制造	0.1993	0.1704	0.1409	—	0.0656	0.0679	0.0574	0.0501	0.0444	0.0336
仪器仪表制造业	0.2013	0.1789	0.1572	—	0.0954	0.0543	0.0235	0.0243	0.0176	0.0183
其他制造业	0.1588	0.1906	0.1303	—	0.0589	0.0562	0.0424	0.0370	0.0564	0.0284
废弃资源综合利用业	0.2290	0.3876	0.2774	—	0.2081	0.1028	0.0397	0.1026	0.0932	0.1280
电力、热力的生产和供应业	3.0959	2.7902	2.5239	—	1.9402	1.8209	1.6263	1.4929	1.4331	1.3653
燃气生产和供应业	0.3008	0.8711	0.1283	—	0.0987	0.0382	0.0277	0.0265	0.0625	0.0222
水的生产和供应业	0.3927	0.3821	0.3395	—	0.2443	0.2059	0.1790	0.1795	0.1615	0.1523

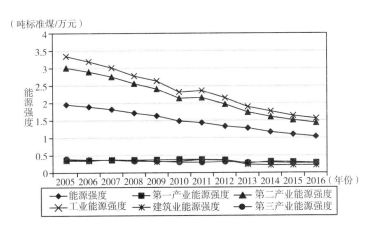

（吨标准煤/万元）

图 2 - 15　2005 ~ 2016 年河北省总体及分产业能源强度变化趋势

　　煤炭开采和洗选业，石油加工、炼焦及核燃料加工业，化学原料及化学制品制造业，非金属矿物制品业，黑色金属冶炼及压延加工业，电力、热力的生产和供应业等河北省六大高耗能行业的能源强度也比较高，能源强度较高的行业还包括造纸和纸制品业、石油和天然气开采业、水的生产和供应业、木材加工和木、竹、藤、棕、草制品业。如图 2 - 16 所示，2005 年以来，河北省电力、热力的生产和供应业能源强度呈逐年下降趋势，年均下降约 9.54%，2014 年降至约 1.3653 吨标准煤/万元，明显高于其他行业；化学原料及化学制品制造业、非金属矿物制品业等能源强度均呈逐年下降趋势，年均下降分别约 13.87%、14.08%，2014 年分别降至约 0.5082、0.5535 吨标准煤/万元；石油加工、炼焦及核燃料加工业能源强度除 2013 年较上一年增长 11.19% 外，其他年份均呈显著下降态势，年均下降约 18.43%，2014 年降至约 0.3565 吨标准煤/万元，在六大高耗能行业中是最低的；煤炭开采和洗选业、黑色金属冶炼及压延加工业的能源强度在 2012 年以前下降趋势明显，但近两年有回升迹象，2013 和 2014 年煤炭开采和洗选业能源强度较上一年分别增长了约 7.05%、17.82%，黑色金属冶炼及压延加工业的能源强度在 2012 ~ 2014 年呈逐年上升趋势，年均增速约为 1.62%。

2.1.3.3　河北省能源强度的空间格局

　　由于 2005 年和 2006 年河北省各地级市相关数据缺失，在此主要统计 2007 ~ 2016 年石家庄市、承德市、张家口市、秦皇岛市、唐山市、廊坊市、保定

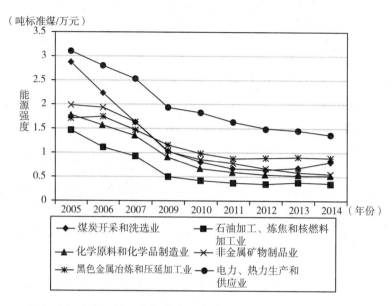

（吨标准煤/万元）

图 2 - 16 2005 ~ 2014 年河北省六大高耗能行业能源强度变化趋势

市、沧州市、衡水市、邢台市、邯郸市等河北省下辖的 11 个地级市的能源强度及工业能源强度。2008 ~ 2017 年《河北经济年鉴》给出了 2008 ~ 2011 年和 2013 ~ 2015 年等各年份各市能源强度数据及较上一年的变动百分数，但并没有给出各年份各市的能源消费，也没有统计 2007 年和 2012 年的能源强度数据，且 2011 年、2014 年和 2015 年的能源强度是基于 2010 年不变价 GDP 得出，2016 年的能源强度是基于 2015 年不变价 GDP 得出，因此需要通过历年"河北经济年鉴"获取各市地区生产总值和地区生产总值指数，首先通过已有能源强度、地区生产总值等数据求得能源消费量，然后利用地区生产总值指数将地区生产总值转化为 2005 年不变价 GDP，进而求得 2005 年不变价能源强度；2007 年和 2012 年能源强度可通过 2008 年和 2013 年能源强度及变动百分数进行计算。

2007 ~ 2016 年河北省 11 各地级市的能源强度数据如表 2 - 18 所示。

表 2 - 18　　　　2007 ~ 2016 年河北省 11 个地级市的能源强度数据

单位：吨标准煤/万元

地区	2007 年	2008 年	2009 年	2010 年	2011 年	2012 年	2013 年	2014 年	2015 年	2016 年
石家庄市	1.73	1.62	1.54	1.49	1.42	1.17	1.11	0.94	0.87	0.82
承德市	1.91	1.80	1.71	1.63	1.66	1.22	1.17	1.38	1.33	1.28

续表

地区	2007 年	2008 年	2009 年	2010 年	2011 年	2012 年	2013 年	2014 年	2015 年	2016 年
张家口市	2.39	2.24	2.12	2.05	1.94	1.42	1.38	1.35	1.27	1.21
秦皇岛市	1.39	1.30	1.23	1.18	1.13	1.02	0.96	0.94	0.89	0.85
唐山市	2.78	2.60	2.46	2.37	2.27	1.78	1.70	1.54	1.43	1.37
廊坊市	0.92	0.87	0.89	0.86	1.49	1.18	1.12	0.97	0.94	0.89
保定市	1.13	1.06	1.01	0.97	1.23	1.03	0.98	0.79	0.74	0.70
沧州市	1.00	0.94	0.99	0.93	1.41	1.21	1.16	0.92	0.86	0.83
衡水市	1.07	1.00	1.01	0.94	1.29	1.23	1.17	0.83	0.80	0.73
邢台市	2.05	1.93	1.83	1.74	1.66	1.48	1.40	1.10	1.05	1.00
邯郸市	2.41	2.26	2.14	2.00	1.90	1.51	1.47	1.32	1.24	1.17

2008~2017 年《河北经济年鉴》给出了 2008~2016 年各地级市工业能源强度较上一年增长的百分数，但只给出了 2008~2010 年的工业能源强度且只有 2008 年是基于 2005 年不变价工业增加值，在此基于 2008 年的工业能源强度及各年度较上一年的上升或下降百分数计算其他年份各市的工业能源强度。

2007~2016 年河北省 11 各地级市的工业能源强度数据如表 2-19 所示。

表 2-19　　　　　2007~2016 年河北省 11 个地级市工业能源强度数据

单位：吨标准煤/万元

地区	2007 年	2008 年	2009 年	2010 年	2011 年	2012 年	2013 年	2014 年	2015 年	2016 年
石家庄市	3.26	2.77	2.42	2.23	2.04	1.72	1.53	1.34	1.23	1.14
承德市	3.78	3.11	2.95	2.72	2.58	1.85	1.73	1.61	1.60	1.57
张家口市	6.10	5.18	4.39	3.97	3.88	2.79	2.65	2.48	2.23	2.09
秦皇岛市	3.82	3.12	2.80	2.49	2.36	2.27	2.12	2.02	1.83	1.75
唐山市	5.20	4.54	4.25	3.90	3.65	2.64	2.44	2.22	2.11	2.07
廊坊市	1.68	1.54	1.30	1.19	1.08	0.97	0.91	0.82	0.78	0.72
保定市	1.99	1.66	1.50	1.44	1.33	0.88	0.84	0.72	0.66	0.63
沧州市	1.20	1.03	1.02	0.90	0.85	0.93	0.85	0.78	0.69	0.66
衡水市	2.16	1.80	1.48	1.28	1.24	0.90	0.81	0.71	0.62	0.53
邢台市	3.91	3.35	2.86	2.56	2.34	2.18	1.92	1.78	1.67	1.56
邯郸市	5.91	4.96	4.51	4.12	3.76	2.93	2.76	2.50	2.36	2.24

2007~2016 年石家庄市、张家口市、秦皇岛市、唐山市、邢台市和邯郸

市的能源强度呈逐年下降态势，年均下降分别约为 7.83%、7.00%、5.3%、7.4%、7.5%、7.57%，承德市、廊坊市、保定市、沧州市、衡水市等的能源强度均在 2011 年有了明显增加，增长幅度分别约为 1.71%、74.05%、26.27%、50.98%、36.38%，从而导致京津冀整体能源强度在 2011 年上升了 2.1%。2011 年以后，除承德市能源强度在 2014 年增长了约 17.87% 外，其他地区的能源强度均呈逐年下降态势。从下降速度来看，石家庄市、张家口市、唐山市、邢台市、邯郸市等能源强度年均下降速度均低于河北省（5.89%）和京津冀（6%）整体下降速度。2007 年以来，石家庄市、秦皇岛市、廊坊市、保定市、沧州市、衡水市等的能源强度低于河北省能源强度整体水平，邢台市自 2014 年开始低于河北省整体水平；廊坊市、沧州市、衡水市、保定市等能源强度在 2011 年之前低于京津冀整体能源强度，但 2011 年之后年均下降速度分别约为 -4.26%、-0.43%、2.29%、4.24%，均低于京津冀整体能源强度下降速度（5.85%），使得各市的能源强度开始高于京津冀整体能源强度水平。

2007～2016 年，除沧州市工业能源强度在 2012 年较上一年上升了约 9.41%，石家庄市、承德市、张家口市、秦皇岛市、唐山市、廊坊市、保定市、衡水市、邢台市、邯郸市等的工业能源强度均呈逐年下降趋势，年均下降分别约为 10.97%、8.89%、10.9%、8.2%、9.43%、8.94%、11.49%、14.23%、9.65%、10.06%。石家庄市、承德市、张家口市、唐山市、保定市、衡水市、邯郸市等在 2012 年较上一年降幅猛增，分别约为 15.69%、28.3%、28.09%、27.67%、33.84%、27.42%、22.07%。从下降速度来看，除沧州市（6.2%）外，其他各市工业能源强度年均下降速度高于河北省（6.96%）和京津冀（7.57%）整体下降速度。2007 年以来，廊坊市、保定市、沧州市、衡水市等的工业能源强度低于河北省和京津冀整体水平，石家庄市自 2008 年以来工业能源强度低于河北省整体水平，但仍高于京津冀整体水平。

2.1.4 京津冀分地区能源强度的行业差异特征

2.1.4.1 分地区能源消费的行业差异特征

河北省能源消费总量明显高于北京市和天津市，2013 年以来京、津、冀的人均能源消费分别徘徊在 3.2 吨标准煤/人、5.3 吨标准煤/人、4 吨标准煤/人，2009 年开始天津市人均能源消费超过北京市，而河北省从 2013 年也开始超过北京市。2005 年以来，京、津、冀能源消费总量总体上均呈逐年增长趋势，2011 年以来，年均增速分别约为 1.52%、5.27%、2.2%，天津市能源消费增速最快。

从能源消费的产业构成来看，北京市自 2008 年以来，第三产业能源消费占比最大（40%~50%），接近能源消费总量的一半且仍在不断上升，其次依次为工业、生活消费、建筑业、第一产业，工业能源消费比重呈逐年下降趋势，生活消费能源比重呈逐年上升趋势，2012 年以来工业和生活消费的能源消费比重均落在 20%~30%，生活消费能源比重即将超过工业能源消费比重。第三产业中，交通运输、仓储和邮政业，房地产业，住宿和餐饮业，教育、租赁和商务服务业，批发和零售业等的能源消费较大，对煤油、电力、柴油、汽油、热力、煤炭等终端能源的消耗较大；工业中，石油加工、炼焦和核燃料加工业，黑色金属冶炼及压延加工业，电力、燃气及水的生产和供应业，非金属矿物制品业，化学原料和化学制品制造业，交通运输设备制造业，计算机、通信和其他电子设备制造业等属于北京市工业高耗能行业，对煤炭、热力、电力等终端能源的消耗较大；天津市工业能源消费占比最大，稳定在 70% 左右，2012 年开始缓慢下降，其次依次为第三产业、生活消费、建筑业、第一产业，第三产业和生活消费的能源消费比重变化平缓，分别维持在 15% 和 12% 左右，2012 年开始出现持续增长。工业中，黑色金属冶炼及压延加工业，化学原料及化学制品制造业，石油加工、炼焦和核燃料加工业，电力、热力的生产和供应业等属于天津市高耗能行业，对煤炭、焦炭、热力、电力、其他石油制品等终端能源的依赖性较高；河北省工业能源消费占比最大，2013 年以前稳定在 80% 左右，2013 年开始逐年下降，其次依次为生活消费、第三产业、第一产业、建筑业，第三产业能源消费比重上升趋势稳定，2016 年已超过生活消费能源比重。其中，煤炭开采和洗选业、石油加工、炼焦及核燃料加工业，化学原料及化学制品制造业，非金属矿物制品业，黑色金属冶炼及压延加工业，电力、热力的生产和供应业等属于河北省工业六大高耗能行业，对煤炭、焦炭、热力、电力等终端能源的消费量较大。

从能源消费的构成来看，北京市自 2010 年以来油品消费占能源消费总量的比重最大，稳定在 30% 以上，天然气消费比重自 2013 年开始上升趋势显著，已超过煤品消费比重，且有赶超油品消费比重的趋势，煤炭消费比重下降趋势明显，2016 年已降至 10% 以下，北京市对电力调入的依赖性较高，占能源消费总量的比重超过 20%；天津市煤炭消费比重下降趋势明显，但仍然在 50% 以上，其次依次为石油、天然气、一次电力及其他能源；河北省煤炭消费比重占比最大，2009 年以前高达 90% 以上，2010 年开始下降趋势明显，但仍在 85% 以上，其次依次为石油、天然气、一次电力及其他，2010 年开始天然气、一次电力及其他能源所占比重持续上升，但仍低于 5%，石油比重自 2014 年开始持续上升，但仍低于 10%。

2.1.4.2　分地区能源强度的行业差异特征

京、津、冀能源强度由低到高依次为京、津、冀，京、津的能源强度始终小于 1 吨标准煤/万元，低于京津冀整体水平，且仍在不断下降；而河北省的能源强度虽在逐年下降，但仍维持在 1 吨标准煤/万元之上，2016 年约为 1.0621 吨标准煤/万元，始终高于京津冀整体水平。

京、津、冀第一产业能源强度由低到高依次为冀、津、京，京、津第一产业能源强度始终高于京津冀第一产业整体水平，其中北京市第一产业能源强度徘徊在 1 吨标准煤/万元左右，而天津市第一产业能源强度还在不断上升；河北省第一产业能源强度维持在 0.4 吨标准煤/万元，且始终低于京津冀第一产业整体水平，可能的原因在于河北省是农业大省但农业机械化水平落后。

京、津、冀工业能源强度由低到高依次为京、津、冀，京、津工业能源强度始终低于京津冀工业整体水平，而河北省工业能源强度始终高于京津冀工业整体水平。其中北京市能源强度较高的行业包括石油加工、炼焦和核燃料加工业，水的生产和供应业，非金属矿采选业，纺织业，化学原料和化学制品制造业，非金属矿物制品业，燃气的生产和供应业、橡胶和塑料制品业，黑色金属冶炼及压延加工业，造纸和纸制品业，木材加工和木、竹、藤、棕、草制品业等；天津市能源强度较高的行业包括煤炭开采和洗选业，黑色金属矿采选业，非金属矿采选业，石油加工、炼焦及核燃料、化学原料及化学制品制造业，化学纤维制造业，非金属矿物制品业，黑色金属冶炼和压延加工业，电力、热力生产和供应业，水的生产和供应业；河北省能源强度较高的行业包括煤炭开采和洗选业，石油加工、炼焦及核燃料加工业，化学原料及化学制品制造业，非金属矿物制品业，黑色金属冶炼及压延加工业，电力、热力的生产和供应业，造纸和纸制品业，石油和天然气开采业，化学纤维制造业，水的生产和供应业，木材加工和木、竹、藤、棕、草制品业。其中，石油加工、炼焦及核燃料加工业，化学原料及化学制品制造业，非金属矿物制品业，黑色金属冶炼及压延加工业，电力、热力的生产和供应业，水的生产和供应业是京、津、冀能源强度较高的共同行业；除此之外，造纸和纸制品业，木材加工和木、竹、藤、棕、草制品业是京、冀共同行业，黑金属矿采选业是京、津共同行业，煤炭开采和洗选业、化学纤维制造业是津、冀共同行业。由于经过折标系数换算的天津市工业分行业能源消费总量是被低估的，在此只比较北京市和河北省重点行业的能源强度，除石油加工、炼焦及核燃料加工业、水的生产和供应业、木材加工和木、竹、藤、棕、草制品业外，河北省重点行业能源强度均高于北京市。

京、津、冀建筑业能源强度由低到高依次为京、冀、津，天津市建筑业能源强度始终高于京津冀建筑业整体水平，河北省建筑业能源强度与京津冀整体水平不相上下，北京市建筑业能源强度始终低于京津冀建筑业整体水平。

京、津、冀第三产业能源强度由低到高依次为津、京、冀，天津市第三产业能源强度始终低于京津冀整体水平且仍在不断下降，北京市第三产业能源强度略低于京津冀整体水平，而河北省第三产业能源强度始终高于京津冀整体水平，且 2011 年以来下降速度明显减缓，仅约为 1.37%，低于京津冀第三产业能源强度整体下降速度（约 2.82%）。

2.2

京津冀分行业能源强度的地区差异

2.2.1　分行业能源消费的地区差异

分别将京、津、冀地区生产总值及其产业构成相加，即可得到京津冀整体的生产总值及其产业构成，分别将京、津、冀能源消费总量及其产业构成相加，即可得到京津冀整体的能源消费总量及其产业构成，如表 2 - 20 所示。

表 2 - 20　　　　　　2005～2016 年京津冀地区生产总值及其构成、
能源消费总量及其构成等

年份	地区生产总值/亿元						能源消费/万吨标准煤					
		第一产业	第二产业	工业	建筑	第三产业		第一产业	第二产业	工业	建筑	第三产业	生活消费
2005	21136	1599	9512	8451	1070	10026	28595	680	21019	20627	392	3736	3160
2006	23980	1674	10881	9694	1200	11429	31293	717	23132	22706	425	4113	3332
2007	27306	1736	12443	11166	1289	13132	33764	746	24966	24511	455	4521	3530
2008	30309	1816	13721	12399	1349	14774	34913	774	25528	25018	510	4878	3732
2009	33757	1877	15419	13868	1600	16463	36671	814	26683	26108	575	5160	4013
2010	38063	1938	17769	16045	1779	18355	38646	890	27700	27036	664	5527	4529
2011	42418	2016	20195	18394	1895	20255	41253	889	31293	30553	740	5979	4515
2012	46728	2094	22624	20685	2065	22120	42652	899	31998	31245	752	6369	4875
2013	50967	2163	24829	22791	2222	24119	44270	770	31568	30962	606	6768	5163
2014	54870	2238	26541	24338	2389	26261	44296	818	31021	30427	594	7061	5397
2015	58976	2283	28102	25683	2614	28757	44508	832	30288	29641	646	7432	5958
2016	63333	2352	29859	27222	2801	31228	45001	838	29963	29294	669	7915	6284

（1）整体能源消费的地区差异。

如图 2 - 17 所示，2005 年以来，京津冀能源消费总量呈逐年增长趋势，年均增速约为 4.25%，2016 年能源消费总量达到约 45001 万吨标准煤。

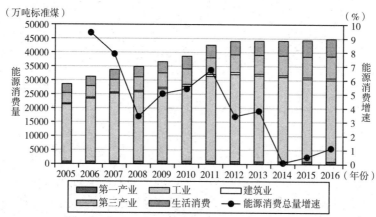

图 2 - 17　2005～2016 年京津冀能源消费总量增速及其产业构成变化情况

如图 2 - 18 所示，从地区结构来看，河北省能源消费占比最大（接近 70%），2008 以来，所占比重逐渐减少，年均减少约 0.41 个百分点，2016 年降至约 66.21%；北京市能源消费所占比重变化平缓，徘徊在 15% 左右；天津市能源消费所占比重呈微弱增加趋势，年均增加约 0.49 个百分点，2011 年开始超过北京所占比重，2016 年约为 18.32%。

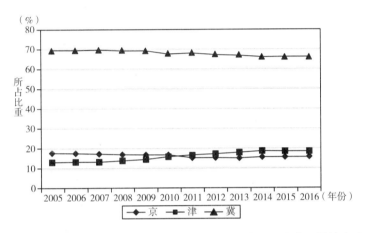

图 2 - 18　2005 ~ 2016 年京、津、冀能源消费占京津冀能源消费总量的比重变化

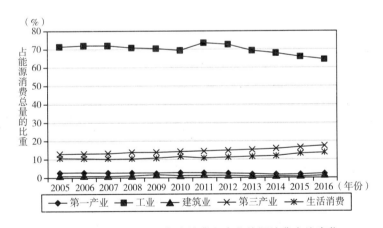

图 2 - 19　2005 ~ 2016 年京津冀各产业能源消费占比变化

（2）第一产业和建筑业能源消费的地区差异。

如图 2 - 19 所示，京津冀第一产业和建筑业能源消费在大多数年份均呈增长趋势，年均增长分别约为 2.1%、5.43%，2016 年分别约为 838 万吨标准煤、669 万吨标准煤，二者占京津冀能源消费总量的比重微弱，二者所占比重之和低于5%。如图2-20所示，河北省第一产业能源消费占京津冀第一产业能源消费的比重最大，高达75%以上，且基本保持稳定；北京市第一产业能源消费占京津冀第一产业能源消费的比重总体上呈缓慢下降趋势，年均下降约0.27个百分点，2016年已降至10%以下；天津市第一产业能源消费占京津冀第一产业能源消费的比重自2011年以来总体上呈上升趋势，年均上升约0.73个百分点，2013年所占比重超过北京市，2016年达到约13.13个百分点。

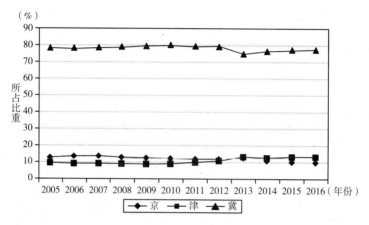

图2-20　2005～2016年京、津、冀第一产业能源消费占
京津冀第一产业能源消费总量的比重变化

如图2-21所示，河北省建筑业能源消费占京津冀建筑业能源消费总量的比重最大，2012年以前徘徊在50%左右，2012年以来稳定在40%~50%；天津市建筑业能源消费占京津冀建筑业能源消费总量的比重总体上呈上升趋势，年均上升约1.23个百分点，2013年以来超过了35%；北京市建筑业能源消费占京津冀建筑业能源消费总量的比重总体上呈下降趋势，年均下降约0.76个百分点，2016年降至约17.94%。

（3）工业能源消费的地区差异。

2005～2012年工业能源消费呈逐年增长趋势，年均增长约6.18%，2012年达到约31245万吨标准煤，2013年以来呈逐年下降趋势，年均下降约1.6%，2016年降至约29294万吨标准煤；工业能源消费占京津冀能源消费总量的比重最大，2012年以前高居70%以上且变化平缓，2012年开始下降趋势明显，年均下降约1.79个百分点，2016年降至约65.1%。如图2-22所示，河北省工业能源消费占京津冀工业能源消费总量的比重最大，维持在74%~

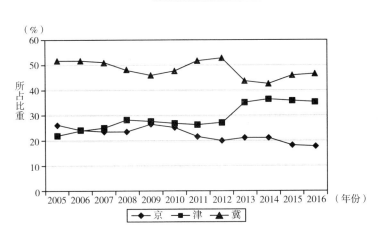

图 2 - 21   2005～2016 年京、津、冀建筑业能源消费占京津冀建筑业能源消费总量的比重变化

80%且变化平缓；天津工业能源消费占京津冀工业能源消费总量的比重总体上呈逐年上升趋势，年均上升约 0.61 个百分点，2016 年约为 18.87%；北京市工业能源消费占京津冀工业能源消费总量的比重较小且呈逐年下降趋势，年均下降约 0.45 个百分点，2016 年降至约 5.98%。

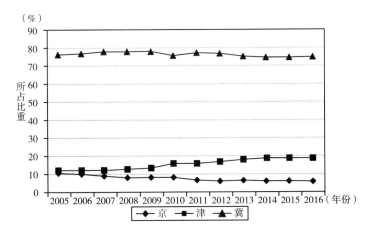

图 2 - 22   2005～2016 年京、津、冀工业能源消费占京津冀工业能源消费总量的比重变化

（4）第三产业和生活消费能源消费的地区差异。

2005 年以来，京津冀第三产业能源消费和生活消费的能源消费均呈逐年增长趋势，年均增长分别约为 7.08%、6.5%，2016 年分别达到约 7915 万吨标准煤、6284 万吨标准煤；第三产业能源消费占京津冀能源消费总量的比重呈逐年上升趋势，年均上升约 0.41 个百分点，2016 年约为 17.59%，生活消费的能源消费占京津冀能源消费总量的比重自 2008 年开始呈逐年上升趋势，年均上升约 0.39 个百分点，2016 年约为 13.96%。如图 2-23 所示，北京市第三产业能源消费占京津冀第三产业能源消费总量的比重最大，2005~2008 年呈逐年上升趋势，2008 年达到约 49.08%，2009 年以来呈逐年下降趋势，年均下降约 0.74 个百分点，2016 年降至约 43.13%；河北省第三产业能源消费占京津冀第三产业能源消费总量的比重自 2010 年开始呈稳定的增长态势，年均增长约 0.68 个百分点，2016 年突破 40%，约为 40.33%，较 2015 年增长了约 1.56 个百分点；天津市第三产业能源消费占京津冀第三产业能源消费的比重低于 20%，总体上呈缓慢上升趋势，年均上升约 0.08 个百分点，2016 年约为 16.54%，较 2015 年减少了约 0.12 个百分点。

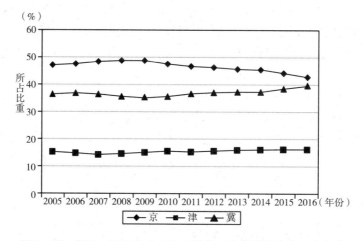

**图 2-23 2005~2016 年京、津、冀第三产业能源消费占京津冀
第三产业能源消费总量的比重变化**

如图 2-24 所示，河北省生活消费的能源消费占京津冀生活消费的能源消费总量的比重最大且变化平缓，高居 50% 以上，2016 年约为 57.73%；北京市生活消费的能源消费占京津冀生活消费的能源消费总量的比重维持在 25% 以上，波动频繁，2012 年以来总体呈下降趋势，年均下降约 0.77 个百分点，2016 年降至约 25.4%；天津市生活消费的能源消费占京津冀生活消费的能源

消费总量的比重除 2006 年、2010 年和 2016 年外，均呈上升趋势，年均上升约 0.55 个百分点，2016 年约为 16.87%，较 2015 年减少了约 0.15 个百分点。

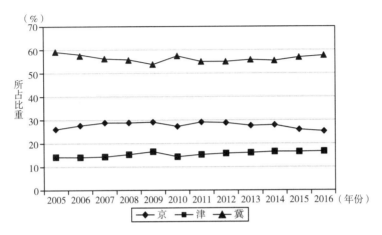

**图 2 - 24　2005 ～ 2016 年京、津、冀生活消费能源消费占京津冀生活
消费能源消费总量的比重变化**

2.2.2　分行业能源强度的地区差异

根据表 2 - 20 中给出的京津冀地区生产总值及各产业增加值数据，可计算得到相应的能源强度，如表 2 - 21 所示。

表 2 - 21　　　　　**2005 ～ 2016 年京津冀能源强度数据**　　　　单位：吨标准煤/万元

年份	整体	第一产业	第二产业	工业	建筑业	第三产业
2005	1.3529	0.4253	2.2097	2.4408	0.3664	0.3726
2006	1.3050	0.4283	2.1259	2.3423	0.3542	0.3599
2007	1.2365	0.4297	2.0064	2.1951	0.3530	0.3443
2008	1.1519	0.4262	1.8605	2.0177	0.3781	0.3302
2009	1.0863	0.4337	1.7305	1.8826	0.3594	0.3134
2010	1.0153	0.4592	1.5589	1.6850	0.3732	0.3011
2011	0.9725	0.4410	1.5495	1.6610	0.3905	0.2952
2012	0.9128	0.4293	1.4143	1.5105	0.3642	0.2879

续表

年份	整体	第一产业	第二产业			第三产业
				工业	建筑业	
2013	0.8686	0.3560	1.2714	1.3585	0.2727	0.2806
2014	0.8073	0.3655	1.1688	1.2502	0.2486	0.2689
2015	0.7547	0.3644	1.0778	1.1541	0.2471	0.2584
2016	0.7105	0.3563	1.0035	1.0761	0.2388	0.2535

图 2-25 描述了 2005~2016 年京津冀总体及分产业能源强度变化情况。

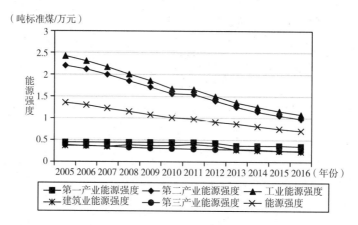

图 2-25　2005~2016 年京津冀总体及分产业能源强度变化趋势

由于京津冀地区生产总值呈逐年增长趋势，年均增速约为 10.51%，大于能源消费增速，使得京津冀能源强度呈逐年下降趋势，年均下降约 5.68%，2016 年降至约 0.7105 吨标准煤/万元。京津冀工业能源强度高于京津冀能源强度整体水平，呈逐年下降趋势，年均下降约 7.14%，2016 年降至约 1.0761 吨标准煤/万元，为京津冀能源强度整体水平的下降做出了巨大贡献。京津冀第一产业能源强度波动频繁，幅度较小，2011 年以来总体呈下降趋势，年均下降约 3.92%，2016 年降至约 0.3563 吨标准煤/万元。京津冀建筑业能源强度 2011 年以前波动频繁且较平缓，2012 年开始呈逐年下降趋势，年均下降约 8.93%，2013 年开始低于第三产业能源强度，2016 年降至约 0.2388 吨标准煤/万元。京津冀第三产业能源强度较低，且呈稳步下降趋势，年均下降约 3.44%，2016 年降至约 0.2535 吨标准煤/万元。

北京市第一产业和工业的能源强度高于北京市整体能源强度水平，第一产业能源强度高于京津冀第一产业整体水平但低于京津冀整体水平，工业能源强度低于京津冀工业整体水平和京津冀整体水平；天津市工业能源强度高于天津市整体能源强度水平，但低于京津冀工业整体水平和京津冀整体水平，第一产业能源强度自 2012 年开始高于天津市整体水平，自 2015 年开始高于工业能源强度，天津市第一产业能源强度高于京津冀第一产业整体水平，低于京津冀整体水平，天津市建筑业能源强度高于京津冀建筑业整体水平，低于京津冀整体水平，第三产业能源强度低于京津冀第三产业整体水平和京津冀整体水平；河北省工业能源强度高于河北省整体能源强度水平、京津冀工业整体水平和京津冀整体水平，第一产业能源强度低于河北省整体能源强度水平、京津冀工业整体水平和京津冀整体水平，第三产业能源强度低于河北省整体能源强度水平和京津冀整体水平，但高于京津冀第三产业整体水平。

2.3
京津冀能源强度及工业能源强度的空间结构演变

2.3.1　核心—外围区的演变

2.3.1.1　研究方法及数据来源

（1）研究方法。

借鉴区域经济核心—外围区结构的分析思路，在此界定能源强度明显低于京津冀整体能源强度，对京津冀能源强度下降起拉动作用的地区为降耗拉动区，而能源强度高于京津冀整体能源强度，对京津冀能源强度下降起到明显抑制作用的地区为降耗滞后区，处于二者之间的地区为降耗中间区。降耗拉动区、滞后区、中间区的判断用能源强度的标准化值为标准，计算公式为：

$$\hat{I}_i = \frac{I - I_i}{\sigma(I_i)} \qquad (2-1)$$

其中，$\hat{I}_i$ 表示第 i 个地区的能源强度标准化值，I_i 表示第 i 个地区的能源强度，I 表示京津冀整体的能源强度，$\sigma(I_i)$ 表示各地区能源强度的标准差。

在此假定若某地区的能源强度标准化值大于 0.5，则为降耗拉动区；若小于 -0.3，则为降耗滞后区；若在 -0.3 ~ 0.5 之间，则为降耗中间区。

（2）数据来源。

由于 2005 年和 2006 年河北省各地级市相关数据缺失，在此主要统计 2007～2016年北京、天津等 2 个直辖市及石家庄、承德、张家口、秦皇岛、唐山、廊坊、保定、沧州、衡水、邢台、邯郸等河北省下辖的 11 个地级市的能源强度及工业能源强度。各市能源强度及工业能源强度等相关数据前面已经计算，在此不再赘述。

2.3.1.2 结果分析

依据式（2-1）可分别得到京津冀地区 13 个市的能源强度及工业能源强度标准化值，如表 2-22 和表 2-23 所示。

表 2-22　　　　2007～2016 年京津冀地区的能源强度标准化值 单位：吨标准煤/万元

地区	2007 年	2008 年	2009 年	2010 年	2011 年	2012 年	2013 年	2014 年	2015 年	2016 年
北京市	0.89	0.87	0.91	0.86	0.98	1.29	1.28	1.23	1.17	1.14
天津市	0.56	0.55	0.58	0.50	0.57	0.72	0.71	0.68	0.65	0.70
石家庄市	-0.70	-0.72	-0.74	-0.81	-0.92	-0.75	-0.71	-0.40	-0.39	-0.37
承德市	-0.96	-0.99	-1.02	-1.05	-1.41	-0.89	-0.89	-1.75	-1.89	-1.91
张家口市	-1.65	-1.66	-1.70	-1.78	-1.98	-1.46	-1.52	-1.66	-1.69	-1.68
秦皇岛市	-0.21	-0.23	-0.23	-0.28	-0.33	-0.32	-0.27	-0.40	-0.46	-0.47
唐山市	-2.20	-2.21	-2.26	-2.33	-2.65	-2.50	-2.47	-2.24	-2.22	-2.21
廊坊市	0.46	0.43	0.33	0.28	-1.06	-0.77	-0.74	-0.49	-0.62	-0.60
保定市	0.16	0.14	0.13	0.09	-0.53	-0.34	-0.33	0.06	0.03	0.03
沧州市	0.34	0.32	0.16	0.16	-0.90	-0.86	-0.86	-0.34	-0.36	-0.40
衡水市	0.24	0.23	0.13	0.14	-0.65	-0.92	-0.89	-0.06	-0.16	-0.07
邢台市	-1.16	-1.19	-1.22	-1.24	-1.41	-1.64	-1.58	-0.89	-0.98	-0.97
邯郸市	-1.67	-1.69	-1.73	-1.69	-1.90	-1.72	-1.78	-1.57	-1.60	-1.54

表 2-23　　　　2007～2016 年京津冀地区工业能源强度标准化值 单位：吨标准煤/万元

地区	2007 年	2008 年	2009 年	2010 年	2011 年	2012 年	2013 年	2014 年	2015 年	2016 年
北京市	0.62	0.69	0.75	0.71	0.84	1.05	0.98	0.98	0.95	0.91
天津市	0.59	0.66	0.71	0.62	0.67	0.82	0.74	0.71	0.73	0.73
石家庄市	-0.59	-0.50	-0.40	-0.45	-0.33	-0.25	-0.21	-0.12	-0.11	-0.10
承德市	-0.88	-0.73	-0.79	-0.85	-0.79	-0.40	-0.47	-0.49	-0.65	-0.73

地区	2007 年	2008 年	2009 年	2010 年	2011 年	2012 年	2013 年	2014 年	2015 年	2016 年
张家口市	− 2.18	− 2.10	− 1.86	− 1.87	− 1.92	− 1.52	− 1.64	− 1.67	− 1.56	− 1.51
秦皇岛市	− 0.90	− 0.73	− 0.68	− 0.66	− 0.61	− 0.90	− 0.96	− 1.05	− 0.98	− 1.00
唐山市	− 1.68	− 1.68	− 1.76	− 1.81	− 1.72	− 1.34	− 1.37	− 1.31	− 1.38	− 1.48
廊坊市	0.29	0.32	0.43	0.41	0.50	0.65	0.57	0.58	0.53	0.53
保定市	0.11	0.23	0.29	0.20	0.29	0.75	0.66	0.72	0.72	0.66
沧州市	0.55	0.65	0.64	0.65	0.70	0.69	0.65	0.64	0.67	0.63
衡水市	0.02	0.15	0.30	0.33	0.37	0.73	0.69	0.73	0.77	0.81
邢台市	− 0.96	− 0.88	− 0.73	− 0.72	− 0.59	− 0.79	− 0.71	− 0.72	− 0.75	− 0.72
邯郸市	− 2.07	− 1.95	− 1.95	− 1.99	− 1.82	− 1.69	− 1.78	− 1.70	− 1.74	− 1.74

（1）京津冀能源强度核心—外围区的演变。

按照降耗拉动区、降耗滞后区和降耗中间区的标准进行聚类，如表 2 – 24 所示。

表 2 – 24　　　　　　2007 ~ 2016 年京津冀地区能源强度降耗聚类分析

年份	降耗拉动区	降耗滞后区	降耗中间区
2007 ~ 2010	2 个市：北京、天津	6 个市：石家庄、承德、张家口、唐山、邢台、邯郸	5 个市：秦皇岛、廊坊、保定、沧州、衡水
2011 ~ 2012	2 个市：北京、天津	11 个市：石家庄、承德、张家口、秦皇岛、唐山、廊坊、保定、沧州、衡水、邢台、邯郸	无
2013	2 个市：北京、天津	10 个市：石家庄、承德、张家口、唐山、廊坊、保定、沧州、衡水、邢台、邯郸	1 个市：秦皇岛
2014 ~ 2016	2 个市：北京、天津	9 个市：石家庄、承德、张家口、秦皇岛、唐山、廊坊、沧州、邢台、邯郸	2 个市：保定、衡水

2007 ~ 2016 年，只有北京市和天津市的能源强度标准化值稳定在 0.5 以上，成为京津冀地区的降耗拉动区；降耗滞后区由 2007 ~ 2010 年的 6 个市增加到 2011 ~ 2012 年的 11 个市，随后有减少趋势，2014 年以来维持在 9 个市；2007 ~ 2010 年，降耗中间区的范围包括秦皇岛市、廊坊市、保定市、沧州市、衡水市，可见对京津冀降耗起促进作用的市主要位于京津冀中部地区；2011 ~ 2012 年河北省全部地区落入降耗滞后区；2013 年，秦皇岛市进入降耗中间去，但 2014 ~ 2016 年，秦皇岛市也落入降耗滞后区，保定市、衡水市重新回到降

耗中间区。

（2）京津冀工业能源强度核心—外围区的演变。

按照降耗拉动区、降耗滞后区和降耗中间区的标准进行聚类分析，如表
2-25所示。2007~2016年，北京市、天津市和沧州市的工业能源强度标准化值
始终高于0.5，是京津冀地区稳定的工业降耗拉动区；2011年以来，廊坊以及保
定、衡水等先后进入工业降耗拉动区，京津冀地区的工业降耗拉动区由2007~
2010年的3个市增加到2012~2016年的6个市。廊坊及保定、衡水等由2007~
2010年京津冀地区的工业降耗中间区自2011年开始先后进入工业降耗拉动区，
工业降耗中间区数量逐渐减少，2012~2016年只有石家庄市属于工业降耗中
间区。2007年以来，承德、张家口、秦皇岛、唐山、邢台、邯郸等始终属于
京津冀工业降耗滞后区，石家庄市自2012年开始脱离工业降耗滞后区。

表2-25　　　　2007~2016年京津冀地区工业能源强度降耗聚类分析

年份	降耗拉动区	降耗滞后区	降耗中间区
2007~2010	3个市：北京、天津、沧州	7个市：石家庄、承德、张家口、秦皇岛、唐山、邢台、邯郸	3个市：廊坊、保定、衡水
2011	4个市：北京、天津、廊坊、沧州	7个市：石家庄、承德、张家口、秦皇岛、唐山、邢台、邯郸	2个市：保定、衡水
2012~2016	6个市：北京、天津、廊坊、保定、沧州、衡水	6个市：承德、张家口、秦皇岛、唐山、邢台、邯郸	1个市：石家庄

2.3.2　重心空间位置的演变

2.3.2.1　研究方法及数据来源

（1）研究方法。

借用物理学中重心的概念用来表示能源强度及其影响因素在京津冀分布的
时空分异特征。关于能源强度影响因素的研究已经很多，并且对能源消费总
量、经济增长、产业结构、技术进步、FDI、工业增加值及工业能源强度等因
素对能源强度的显著影响取得了共识，在此不再赘述；其中，经济增长用人均
GDP表示，产业结构用第二产业比重表示，技术进步用专利申请授权数表示。

设J_j、W_j（$j=1,2,3,4,5,6,7,8$）分别表示能源强度重心、经济
重心、能源消费重心、产业结构重心、技术重心、工业重心、FDI重心、工业

能源强度重心所在的经度和纬度。其中:

$$J_j = \frac{\sum\limits_{i=1}^{13}(A_{ij} \times J_i)}{\sum\limits_{i=1}^{13} A_{ij}}(j = 1,2,3,4,5,6,7,8) \qquad (2-2)$$

$$W_j = \frac{\sum\limits_{i=1}^{13}(A_{ij} \times W_i)}{\sum\limits_{i=1}^{13} A_{ij}}(j = 1,2,3,4,5,6,7,8) \qquad (2-3)$$

其中,A_{ij}(j = 1,2,3,4,5,6,7,8)分别表示京津冀13个市的能源强度、人均 GDP、能源消费总量、第二产业比重、专利申请数、工业增加值、FDI 和工业能源强度。

设区域重心移动距离为 D,则有:

$$D = \sqrt{(|\Delta J| \times 86.4)^2 + (|\Delta W| \times 111.2)^2} \qquad (2-4)$$

其中,ΔJ、ΔW 分别表示区域重心的经度跨度和纬度跨度;为便于计算,假定每一经度所跨距离为 86.4 公里(由于京津冀各重心在北纬 39°附近),每一纬度所跨距离为 111.2 公里,则($|\Delta J| \times 86.4$)表示区域重心在东西方向上移动距离;($|\Delta W| \times 111.2$)表示区域重心在南北方向上移动距离。

(2)数据来源。

京津冀13个市的能源强度、2005 年不变价 GDP 等数据前面已经计算;北京市和天津市的能源消费总量、第二产业比重、专利申请数、2005 年不变价工业增加值、FDI、工业能源消费量、人口等数据可分别通过历年《北京统计年鉴》和《天津统计年鉴》直接或经简单计算后获得,其中天津市的专利申请数需通过历年《中国科技统计年鉴》获得;河北省11个地级市的第二产业比重、专利申请数、2005 年不变价工业增加值、FDI、人口等数据可通过历年《河北经济年鉴》直接或经简单计算后获得,其中 2007 年各市的专利申请数并没有统计,在此不予分析;河北省11个地级市的能源消费总量并没有统计,但可通过能源强度及 GDP 等数据计算获得。

2007 ~ 2016 年京津冀地区13市的人均 GDP、能源消费、专利申请授权量、工业增加值、FDI 等数据如表 2 - 26 所示。

表2-26　2007~2016年京津冀地区13市的人均GDP、能源消费、产业结构、工业增加值、专利申请授权量、FDI等

地区	2007年						2008年						2009年						2010年					
	人均GDP(万元)	能源消费(万吨标准煤)	产业结构(%)	工业增加值(亿元)	专利申请授权量(件)	FDI(亿美元)	人均GDP(万元)	能源消费(万吨标准煤)	产业结构(%)	工业增加值(亿元)	专利申请授权量(件)	FDI(亿美元)	人均GDP(万元)	能源消费(万吨标准煤)	产业结构(%)	工业增加值(亿元)	专利申请授权量(件)	FDI(亿美元)	人均GDP(万元)	能源消费(万吨标准煤)	产业结构(%)	工业增加值(亿元)	专利申请授权量(件)	FDI(亿美元)
石家庄	2.19	3711	49.32	1042	—	3.27	2.42	3862	50.19	1161	—	4.40	2.68	4065	49.58	1271	1577	5.44	2.92	4414	48.63	1441	2299	2.44
承德市	1.43	929	56.32	238	—	0.11	1.61	985	60.17	270	—	0.56	1.77	1038	51.61	303	161	0.67	1.95	1107	51.04	335	214	0.70
张家口	1.30	1298	44.91	215	—	0.47	1.44	1363	43.97	232	—	0.64	1.58	1419	41.83	254	153	0.81	1.76	1564	42.96	292	205	1.00
秦皇岛	1.97	803	38.87	217	—	3.40	2.19	842	40.54	243	—	4.01	2.38	874	38.74	267	598	4.57	2.67	936	39.53	308	930	4.97
唐山	3.58	7348	57.42	1471	—	6.42	4.03	7779	59.34	1654	—	8.36	4.46	8205	57.76	1835	1047	7.93	4.97	8926	58.14	2110	1378	8.74
廊坊	1.99	746	56.65	405	—	3.47	2.20	784	56.64	453	—	4.22	2.43	893	53.42	502	624	4.62	2.58	963	53.57	568	982	4.91
保定	1.18	1449	49.68	555	—	1.74	1.31	1517	48.30	625	—	5.34	1.44	1598	50.37	698	892	4.25	1.62	1763	51.60	804	1454	4.75
沧州	2.00	1385	51.83	726	—	1.56	2.24	1469	50.52	804	—	1.61	2.47	1720	48.24	882	607	1.65	2.79	1858	50.62	1000	821	2.33
衡水	1.34	608	49.52	279	—	0.53	1.45	622	48.91	308	—	0.55	1.58	687	50.80	339	450	0.69	1.78	730	50.65	385	648	1.01
邢台	1.24	1761	56.48	468	—	1.51	1.36	1818	57.06	511	—	1.95	1.48	1894	56.50	566	280	2.04	1.64	2025	55.61	645	405	2.55
邯郸	1.65	3492	52.58	723	—	1.66	1.82	3638	55.11	809	—	2.54	2.01	3835	53.89	891	450	3.32	2.20	4052	54.21	1012	725	4.92
北京	5.50	5748	25.33	2144	14954	50.66	5.67	5786	23.33	2148	17747	60.82	5.94	6009	23.07	2339	22921	61.21	6.22	6360	23.56	2685	33511	63.64
天津	4.70	4431	55.07	2710	5584	52.78	5.20	4805	55.21	3225	6790	74.20	5.80	5243	53.02	3822	7404	90.20	6.45	6085	52.47	4620	11006	108.49

续表

地区	2011 年						2012 年						2013 年					
	人均GDP（万元）	能源消费（万吨标准煤）	产业结构（%）	专利申请授权（件）	工业增加值（亿元）	FDI（亿美元）	人均GDP（万元）	能源消费（万吨标准煤）	产业结构（%）	专利申请授权（件）	工业增加值（亿元）	FDI（亿美元）	人均GDP（万元）	能源消费（万吨标准煤）	产业结构（%）	专利申请授权（件）	工业增加值（亿元）	FDI（亿美元）
石家庄	3.24	4735	49.77	2487	1636	3.67	3.54	4280	49.79	3447	1839	8.48	3.83	4460	48.35	3799	2032	9.55
承德市	2.18	1262	54.83	242	385	0.52	2.40	1021	52.91	282	435	1.20	2.61	1073	51.08	299	484	0.35
张家口	1.95	1656	44.20	161	336	1.37	2.13	1332	42.89	259	377	2.46	2.29	1395	42.11	420	414	2.74
秦皇岛	2.97	1012	39.20	1013	352	5.99	3.22	995	39.29	1199	395	6.28	3.42	1004	38.05	1387	418	7.38
唐山	5.52	9560	60.08	1525	2414	10.81	6.06	8254	59.26	1798	2703	12.14	6.53	8556	58.70	2398	2966	13.45
廊坊	2.85	1870	54.33	897	649	5.75	3.10	1623	53.98	1473	724	5.28	3.36	1675	52.60	1594	792	5.98
保定	1.80	2494	54.63	1812	924	4.34	1.97	2317	54.98	2714	1043	5.47	2.14	2399	54.36	3267	1160	6.33
沧州	3.11	3150	52.56	832	1138	2.89	3.41	2990	52.59	1049	1290	3.54	3.69	3113	52.27	1312	1432	4.07
衡水	1.99	1117	52.56	698	442	1.47	2.18	1173	51.72	956	498	1.80	2.37	1218	52.18	1084	553	2.02
邢台	1.82	2155	55.52	530	731	3.62	1.98	2099	54.15	976	813	3.56	2.12	2139	52.38	1146	883	4.14
邯郸	2.46	4322	54.77	922	1158	6.37	2.70	3788	53.59	1162	1303	7.83	2.89	3950	51.34	1480	1406	8.47
北京	6.53	6397	22.63	40888	2892	70.54	6.88	6564	22.16	50511	3106	80.42	7.25	6724	21.68	62671	3345	85.24
天津	7.22	6781	52.43	13982	5521	130.56	7.89	7326	51.68	19782	6410	150.16	8.52	7882	50.60	24856	7227	168.29

续表

地区	2014 年						2015 年						2016 年					
	人均GDP（万元）	能源消费（万吨标准煤）	产业结构（%）	专利申请授权（件）	工业增加值（亿元）	FDI（亿美元）	人均GDP（万元）	能源消费（万吨标准煤）	产业结构（%）	专利申请授权（件）	工业增加值（亿元）	FDI（亿美元）	人均GDP（万元）	能源消费（万吨标准煤）	产业结构（%）	专利申请授权（件）	工业增加值（亿元）	FDI（亿美元）
石家庄	4.08	4064	46.76	3799	2183	8.17	4.36	4073	45.08	5786	2307	8.97	4.62	4073	45.45	6994	2411	11.76
承德市	2.81	1363	49.98	299	521	1.44	2.96	1393	46.84	494	541	1.16	3.16	1431	45.79	595	564	1.11
张家口	2.41	1434	42.66	420	435	3.18	2.55	1429	40.01	787	454	3.17	2.72	1453	37.32	837	465	4.13
秦皇岛	3.57	1026	37.44	1387	438	6.06	3.76	1028	35.59	3032	455	5.26	3.99	1052	34.73	3217	478	6.59
唐山	6.81	8121	57.75	2398	3102	13.65	7.16	7981	55.13	3209	3245	12.33	7.60	8167	55.07	3282	3404	14.36
廊坊	3.59	1569	48.06	1594	836	6.58	3.87	1660	44.56	2962	886	6.68	4.14	1697	44.25	3057	933	7.83
保定	2.27	2067	51.50	3267	1237	5.74	2.42	2062	49.86	4271	1291	4.35	2.58	2112	48.37	4783	1371	6.64
沧州	3.95	2672	51.97	1312	1560	3.30	4.21	2693	49.58	2239	1664	4.01	4.51	2798	49.59	2690	1774	4.18
衡水	2.56	943	47.86	1084	596	2.15	2.74	969	46.15	1524	624	1.65	2.94	963	47.06	1634	656	2.18
邢台	2.23	1774	47.36	1146	923	4.65	2.35	1798	44.97	2521	960	1.45	2.51	1843	46.86	2630	1013	5.06
邯郸	3.06	3772	50.11	1480	1476	8.80	3.24	3791	47.16	3305	1543	7.93	3.44	3840	47.61	2107	1617	9.71
北京	7.66	6831	21.31	74661	3552	90.41	8.11	6853	19.74	94031	3592	129.96	8.66	6962	19.30	100578	3775	130.29
天津	9.10	8145	49.16	26351	7957	188.67	9.76	8260	46.58	37342	8697	211.34	10.55	8245	42.40	39734	9437	101.00

2.3.2.2　结果分析

根据式（2-2）、式（2-3）可分别得到 2007～2015 年京津冀能源强度重心、经济重心、能源消费重心、产业结构重心、技术重心、工业重心、FDI 重心、工业能源强度重心的移动轨迹，如图 2-26 所示。

（1）总体演变分析。

2007 年京津冀能源强度重心大概位于保定市雄县龙湾镇附近，2008～2013 年重心波动较频繁，总体上看主要向东、向南移动，2013 年约位于廊坊市文安县大留镇附近，直线距离约为 7.41 公里；2014～2016 年移动方向较明确，主要向东（8.68 公里）、向北移动（15.06 公里），2016 年能源强度重心大概位于廊坊市霸州市霸州镇附近，较 2007 年向东移动约 10.92 公里，向北移动约 8 公里，直接距离约为 13.53 公里。

2007 年京津冀经济重心大概位于廊坊市霸州市信安镇，2008～2012 年主要向东（2.03 公里）、向南（3.3 公里）移动，直线距离约为 3.88 公里；2013～2016 年主要向西（0.7 公里）、向南移动（0.77 公里），直线距离约为 1.04 公里，2016 年大概位于廊坊市霸州市信安镇，较 2007 年经济重心向东移动约 1.34 公里，向南移动约 4.07 公里，直线距离约为 4.28 公里。

2007 年京津冀能源消费重心大概位于廊坊市文安县大围河乡，2008～2013 年主要向东（3.92 公里）、向南（2.27 公里）移动，直线距离约为 4.53 公里；2014～2016 年主要向东（4.06 公里）、向北移动（6.48 公里），直线距离约为 7.65 公里，2016 年大概位于廊坊市文安县大柳河镇，较 2007 年能源消费重心向东移动约 7.97 公里，向北移动约 4.21 公里，直线距离约为 9.02 公里。

2007 年京津冀产业结构重心大概位于廊坊市文安县史各庄镇，2008～2009 年主要向西（1.7 公里）、向南（4.03 公里）移动，2009 年约位于廊坊市文安县大留镇，直线距离约为 4.38 公里；2010～2014 年主要向东（2.48 公里）、向北移动（3.49 公里），直线距离约为 4.29 公里，2015～2016 年主要向西（1.61 公里）、向南（3.83 公里）移动，直线距离约为 4.15 公里，2016 年大概位于廊坊市文安县大留镇，较 2007 年仅向西移动了约 0.83 公里，向南移动了约 4.37 公里，直线距离约 4.44 公里。

2009 年京津冀技术重心大概位于河北省廊坊市广阳区九州镇，2010～

2016 年重心波动非常频繁，移动趋势并不明朗，且变化幅度较小，2016 年技术重心仍位于河北省廊坊市广阳区九州镇附近。

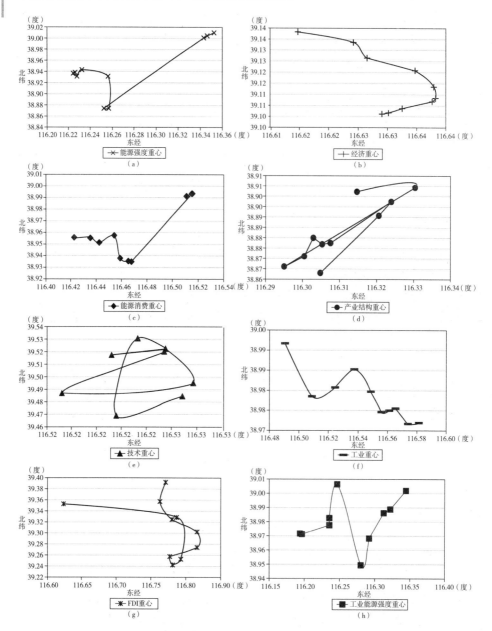

图 2－26　2007～2016 年京津冀能源强度及其影响因素重心的移动轨迹

2007 年京津冀工业重心大概位于廊坊市文安县苏桥镇，2008～2015 年移动轨迹呈不规则的倒 "S"。2008 年较 2007 年，向东移动了约 1.57 公里，向南移动了约 1.47 公里，直线距离约为 2.15 公里；2009～2010 年主要向东（2.47 公里）、向北移动（0.76 公里），直线距离约为 2.58 公里；2011～2016 年主要向东（3.8 公里）、向南（1.47 公里）移动，2016 年大概位于廊坊市文安县大柳河镇，较 2007 年工业重心向东移动约 7.84 公里，向南移动约 2.19 公里，直线距离约为 8.14 公里。

2007 年京津冀 FDI 重心大概位于廊坊市安次区落垡镇，2008～2010 年主要向东（4.64 公里）、向南（9.95 公里）移动，2010 年达到廊坊市安次区码头镇，直线距离约为 10.98 公里；2011～2012 年主要向西（3.92 公里）、向南（4.99 公里）移动，直线距离约为 6.35 公里，2013～2016 年主要向西（16.06 公里）、向北（10.61 公里）移动，直线距离约为 19.25 公里，2016 年大概位于廊坊市永清县别古庄镇，较 2007 年 FDI 重心主要向西移动了约 15.35 公里。

2007 年京津冀工业能源强度重心大概位于保定市雄县龙湾镇，2008～2016 年移动轨迹呈不规则的 "N"。2008～2011 年主要向东（4.28 公里）、向北（3.9 公里）移动，2011 年约位于保定市雄县张岗乡，直线距离约为 5.8 公里；2012 年较 2011 年主要向南移动了约 6.3 公里，又回到了龙湾镇；2013～2016 年主要向东（5.43 公里）、向北移动（5.79 公里），2016 年工业能源强度重心约位于廊坊市霸州镇，较 2007 年向东移动约 12.63 公里，向北移动约 3.39 公里，直线距离约为 13.08 公里。

（2）经度和纬度演变分析。

①经度演变分析。

图 2-27 描述了 2007～2015 年京津冀能源强度及其影响因素重心的经度变化。

从经度上来看，2007～2016 年，能源强度重心及其影响因素重心的变化并不显著，尤其是经济重心、技术重心、产业结构重心、FDI 重心等的波动频繁但幅度较小，而工业重心、能源消费重心、工业能源强度重心、能源强度重心等总体上在向高经度缓慢移动，九年间分别向东移动了约 0.09 度、0.09 度、0.15 度、0.13 度，直线距离分别约为 7.84 公里、7.97 公里、12.63 公里、10.92 公里。可见，2007～2016 年，京津冀的经济重心、技术重心、产业结构重心、FDI 重心等在东西方向上的总体格局几乎稳定，而工业重心、能源

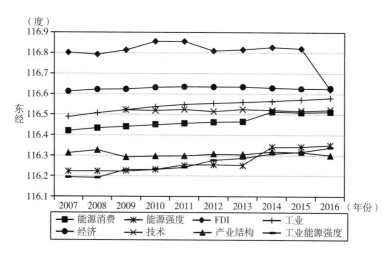

图 2 - 27 2007~2015 年京津冀能源强度及其影响因素重心的经度变化

消费重心、工业能源强度重心、能源强度重心等在东部的增长态势高于西部，或者说降低幅度低于西部。

②纬度演变分析。

图 2 - 28 描述了 2007~2015 年京津冀能源强度及其影响因素重心的纬度变化。

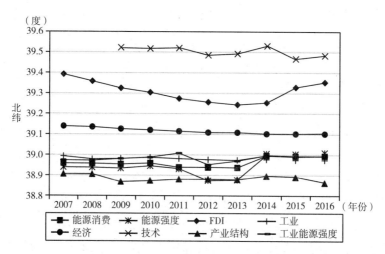

图 2 - 28 2007~2016 年京津冀能源强度及其影响因素重心的纬度变化

从纬度上来看，2007~2016 年，能源强度重心及其影响因素重心的变化也较平缓。其中，能源强度重心在 2007~2011 年变化微弱，五年间仅向低纬度移动了约 0.007 度，2012 年较 2011 年向低纬度移动了约 0.06 度，2014 年、2015 年和 2016 年有向高纬度移动的迹象，2014 年较 2013 年向高纬度移动了约 0.13 度，2016 年相对于 2007 年向北移动了仅约 0.07 度；经济重心在向低纬度缓慢移动，九年间向南移动了约 0.04 度；能源消费重心、产业结构重心、工业重心、工业能源强度等在不断地小幅度波动；技术重心虽然也有波动，但总体上在向低纬度移动，2016 年较 2009 年向南移动了约 0.04 度；FDI 重心在 2007～2013 年向低纬度移动趋势明显，2013 年较 2007 年向南移动了约 0.15 度，直线距离约为 16.49 公里，但 2014～2016 年有了明显地向高纬度移动的迹象，2016 年较 2013 年向北移动了约 0.11 度，较 2007 年仍然在南部。可见，2007～2016 年，京津冀的能源消费重心、产业结构重心、工业重心、工业能源强度重心等在南北方向上的总体格局变化微弱，而南部的能源强度下降幅度自 2014 年开始明显高于北部。

综上所述，自京津冀协同发展上升为国家战略以来，即 2014 年以来，京津冀的经济重心、技术重心、产业结构重心主要向西、向南移动，廊坊、保定、衡水、邢台、石家庄等在 2014～2016 年 GDP 平均增长率均在 5% 以上，明显高于其他东部和北部区域，尤其是廊坊市和保定市作为创新驱动发展示范区和科技研发基地，承接了部分京津的高新技术产业，与此相反，唐山市作为河北省"6643 工程"的重点区域，2014～2016 年的 GDP 和工业增加值均在下降，加之承德市、张家口市在 2015 年的工业增加值较 2014 年下降了 7% 以上，使得工业重心主要向东、向南移动；能源强度重心、能源消费重心、工业能源强度重心主要向东、向北移动，可能的原因在于 2014 年在大部分地区能源消费下降的情况下，承德、张家口、秦皇岛等的能源消费较上一年均有所增长，尤其是承德较 2013 年上升了约 27.07%，从而使得三市在 2014～2016 年能源强度平均下降率最低，均在 5% 以下，其中承德在 2014 年较上年反而上升了约 15.22%。

（3）与影响因素重心的关系分析。

①距离分析。

根据公式（2-4）可分别得到京津冀能源强度重心与经济重心、与能源消费重心、与产业结构重心、与技术重心、与工业重心、与 FDI 重心及与工业能源强度重心间的直接距离，如表 2-27 所示。2007～2013 年，能源强度重心分别与经济重心、能源消费重心、产业结构重心、技术重心、工业重心、

FDI 重心、工业能源强度重心间的直线距离变动趋势不明朗，但变动幅度较小，其中与技术重心的直接距离最大，其次依次为 FDI 重心、经济重心、工业重心、能源消费重心、产业结构重心、工业能源强度重心；2013 年以后，能源强度重心与其影响因素重心间的距离有较显著的变动，其中与技术重心、经济重心、能源消费重心、工业能源强度重心间的距离呈缩小趋势，与产业结构重心间的距离呈扩大趋势。可能的原因在于京津冀协同发展战略提出以来，石家庄、保定、廊坊等受益于京津扩散效应，承接了京津的产业转移，高新技术产业发展迅速，经济发展较快，而唐山市在去产能的约束下，处于产业结构调整的"阵痛"中；由于承德、张家口、秦皇岛等能源消费总量较低，因此节能潜力较小。

表 2-27　　　2007~2016 年京津冀能源强度重心与其他重心的直线距离　　单位：公里

年份	能源强度与经济	能源强度与能源消费	能源强度与产业结构	能源强度与技术	能源强度与工业	能源强度与FDI	能源强度与工业能源强度
2007	40.29	17.11	8.63	—	23.67	71.05	4.47
2008	40.83	18.32	9.84	—	25.01	67.94	4.67
2009	40.64	18.62	9.35	70.52	26.18	66.94	5.11
2010	39.96	19.20	9.93	68.56	26.79	67.23	4.43
2011	38.72	17.55	7.00	69.52	25.89	64.51	8.42
2012	42.00	19.27	4.21	71.70	28.18	64.23	8.64
2013	42.17	19.84	4.82	72.97	28.98	63.86	10.99
2014	27.52	14.93	11.56	60.99	19.48	50.64	3.08
2015	26.68	14.32	12.85	53.69	20.08	54.74	2.78
2016	26.07	14.17	16.82	54.82	20.28	44.94	1.19

②相关分析。

如表 2-28 所示，通过计算能源强度重心分别与经济重心、能源消费重心、产业结构重心、技术重心、工业重心、FDI 重心、工业能源强度重心等在经度上的相关系数可知，能源强度重心与能源消费重心的相关系数绝对值最大（0.9692），其次依次为工业能源强度重心（0.8934）、工业重心（0.8087）、FDI 重心（-0.457）、产业结构重心（0.2671）、经济重心（0.1868）、技术重心（0.0657），其中能源强度重心与能源消费重心间存在着显著性正相关关系，与工业能源强度重心、工业重心间存在着高度正相关关系，与工业重心间存在着中度正相关关系，与 FDI 重心间存在着低度负相关关系，而与产业结构重心、经济重心技术重心间的相关关系微弱，可见能源消费重心、工业能源强度重心、工业重心等对京津冀能源强度重心向东移动起了较强的推动作用。

表 2 - 28　　　京津冀能源强度重心与影响因素重心在经纬度上的相关性

	经济重心	能源消费重心	产业结构重心	技术重心	工业重心	FDI 重心	工业能源强度重心
经度上	0.1868	0.9692	0.2671	0.0657	0.8087	-0.457	0.8934
纬度上	-0.294	0.9539	0.1229	-0.0631	-0.2289	0.3826	0.6925

如表 2 - 28 所示，通过计算能源强度重心分别与经济重心、能源消费重心、产业结构重心、技术重心、工业重心、FDI 重心、工业能源强度重心等在纬度上的相关系数可知，能源强度重心与能源消费重心的相关系数绝对值最大（0.9539），其次依次为工业能源强度重心（0.6925）、FDI 重心（0.3826）、经济重心（-0.294）、工业重心（-0.2289）、产业结构重心（0.1229）、技术重心（-0.0631），其中能源强度重心与能源消费重心间存在着显著性正相关关系，与工业能源强度重心间存在着中度正相关关系，与 FDI 重心间存在着低度正相关关系，而与经济重心、工业重心、产业结构重心、技术重心间的相关关系微弱，可见能源消费重心、工业能源强度重心等对京津冀能源强度重心向北移动起了较强的推动作用。

（4）策略分析。

综上所述，近年来京津冀经济重心和能源强度重心向反方向移动，东部各市能源强度下降速度低于西部，南部各市经济增长速度快于北部，为进一步降低京津冀能源强度，应从以下几个方面采取有针对性的行动：

①因地制宜，重点降低北部各市能源强度。在京津冀协同降耗的统一部署下，廊坊、保定、衡水、邢台、石家庄等市的降耗工作均取得了良好进展，而承德、张家口、秦皇岛等的能源消费出现了反复，且 GDP 增长缓慢。

②抓住京津冀协同发展的机遇，加快工业化进程，促进经济增长与能源的脱钩。承德、张家口、秦皇岛等 GDP 增长缓慢的重要原因在于工业增加值增长出现了反复，可能的原因在于工业仍以重化工业为主，对能源的需求弹性较大，因此应重点淘汰传统高能耗产业，承接京津高新技术产业，同时稳步提高第三产业的主导地位。

③加强清洁高效能源对煤炭的替代，通过技术创新提高能源利用效率。承德、张家口、秦皇岛等北方各市能源消费居高不下的另一个重要原因是冬天取暖等生活用能较大，因此一方面应通过完善天然气输送管道，加快天然气对煤炭的替代，另一方面应聚焦能源技术革新，提高能源效率。

2.4

京津冀整体—产业—地区能源强度因素分析

2.4.1 分解模型构建

（1）京津冀整体能源强度的地区贡献分解模型。

将京津冀整体的能源强度按照京、津、冀三个地区进行分解，可得：

$$I = \frac{E}{Y} = \sum_{j=1}^{3} \frac{E_j}{Y_j} \times \frac{Y_j}{Y} \qquad (2-5)$$

其中，I 表示京津冀整体的能源强度，E 表示京津冀整体的能源消费总量，Y 表示京津冀整体的地区生产总值，$j = 1$，2，3 分别表示京、津、冀，E_j 表示第 j 个地区的能源消费，Y_j 表示第 j 个地区的生产总值，则 E_j/Y_j 表示第 j 个地区的单位产值能源消费，即地区能源强度，记为 AI_j；Y_j/Y 表示第 j 个地区生产总值占京津冀整体生产总值的份额，即地区结构，记为 S_j。那么，式（2-5）可记为：

$$I = \sum_{j=1}^{3} AI_j S_j \qquad (2-6)$$

那么，第 T 期的能源强度可表示为：

$$I^T = \sum_{j=1}^{3} AI_j^T S_j^T = \sum_{j=1}^{3} AI_j^O S_j^O + \sum_{j=1}^{3} AI_j^O (S_j^T - S_j^O) + \sum_{j=1}^{3} (AI_j^T - AI_j^O) S_j^T$$

$$(2-7)$$

则：第 T 期的能源强度相对于第 O 期的绝对变化量 ΔI 可表示为：

$$\Delta I = I^T - I^O = \sum_{j=1}^{3} AI_j^T S_j^T - \sum_{j=1}^{3} AI_j^O S_j^O$$

$$= \sum_{j=1}^{3} AI_j^O (S_j^T - S_j^O) + \sum_{j=1}^{3} (AI_j^T - AI_j^O) S_j^T \qquad (2-8)$$

其中，$AI_j^O(S_j^T - S_j^O)$ 表示由于地区结构变化导致了能源强度的变化，其大小可用 ΔI_S 表示；$(AI_j^T - AI_j^O)S_j^T$ 表示由于地区能源强度变化导致了能源强度的变化，其大小可用 ΔI_{AI} 表示；则式（2-8）可简化为：

$$\Delta I = \Delta I_S + \Delta I_{AI} \qquad (2-9)$$

参考 Divisia 分解法，可将 ΔI_S、ΔI_{AI} 分别分解为：

$$\Delta I_S = \sum_{j=1}^{3} W_j \ln \frac{S_j^T}{S_j^O} \quad \Delta I_{AI} = \sum_{j=1}^{3} W_j \ln \frac{AI_j^T}{AI_j^O} \qquad (2-10)$$

其中，

$$W_j = \frac{I_j^T - I_j^O}{\ln I_j^T - \ln I_j^O}$$

地区结构和地区能源强度对京津冀整体的能源强度变动的贡献率分别为：

$$R_S = \frac{\Delta I_S}{\Delta I}, R_{AI} = \frac{\Delta I_{AI}}{\Delta I} \qquad (2-11)$$

（2）京津冀产业能源强度的地区贡献分解。

将京津冀产业能源强度按照京、津、冀三个地区进行分解，可得：

$$I_i = \frac{E_i}{Y_i} = \sum_{j=1}^{3} \frac{E_{ij}}{Y_{ij}} \times \frac{Y_{ij}}{Y_i} \qquad (2-12)$$

其中，I_i（$i=1，2，3，4$ 分别表示第一产业、工业、建筑业、第三产业）表示京津冀第 i 产业的能源强度，E_i 表示京津冀第 i 产业的能源消费，Y_i 表示京津冀第 i 产业的增加值，E_{ij}（$j=1，2，3$ 分别表示京、津、冀）表示第 j 个地区第 i 产业的能源消费，Y_{ij} 表示第 j 个地区第 i 产业的增加值，则 E_{ij}/Y_{ij} 表示第 j 个地区第 i 产业的单位产值能源消费，即产业的地区能源强度，记为 IAI_j；Y_{ij}/Y_i 表示第 j 个地区第 i 产业增加值占京津冀第 i 产业增加值的份额，即产业的地区结构，记为 IS_j。那么，式（2-12）可记为：

$$I_i = \sum_{j=1}^{3} IAI_j IS_j \qquad (2-13)$$

京津冀产业能源强度的地区贡献分解过程同上。

（3）京、津、冀地区能源强度的产业贡献分解模型。

将京、津、冀地区能源强度按照第一产业、工业、建筑业、第三产业进行分解，可得：

$$I_j = \frac{E_j}{Y_j} = \sum_{i=1}^{4} \frac{E_{ij}}{Y_{ij}} \times \frac{Y_{ij}}{Y_j} \tag{2-14}$$

其中，I_j（$j=1$，2，3 分别表示京、津、冀）表示第 j 个地区的能源强度，E_j 表示第 j 个地区的能源消费，Y_j 表示第 j 个地区的生产总值，$i=1$，2，3，4 分别表示第一产业、工业、建筑业、第三产业，E_{ij} 表示第 j 个地区第 i 产业的能源消费，Y_{ij} 表示第 j 个地区第 i 产业的增加值，则 E_{ij}/Y_{ij} 表示第 j 个地区第 i 产业的单位产值能源消费，即地区的产业能源强度，记为 AII_j；Y_{ij}/Y_j 表示第 j 个地区第 i 产业增加值占第 j 个地区生产总值的份额，即地区产业结构，记为 AS_j。那么，式（2-14）可记为：

$$I_j = \sum_{i=1}^{4} AII_i AS_i \tag{2-15}$$

京、津、冀地区能源强度的产业贡献分解过程同上。

2.4.2 因素分析

2005～2016 年，京、津、冀及京津冀整体的地区生产总值及其产业构成、能源消费总量及其产业构成、能源强度及分产业能源强度等数据在前面已经列示，但由于前面的能源消费总量及基于此计算的能源强度涵盖生活消费，在此为满足分解要求，利用去除生活消费的能源强度。

（1）京津冀整体能源强度的因素分析。

根据式（2-10）、式（2-11）计算得到 2005～2016 年京津冀整体能源强度的变动以及地区结构、地区效率等因素对其的贡献值和贡献率等如表 2-29 所示。

表 2-29　　　　　　2005～2016 年京津冀整体能源强度的因素分析

年份	总变动	地区结构		地区效率	
		贡献值	贡献率	贡献值	贡献率
2005～2006	-0.0374	0.0002	-0.0061	-0.0376	1.0061
2006～2007	-0.0588	-0.0045	0.0773	-0.0542	0.9227
2007～2008	-0.0785	-0.0021	0.0264	-0.0764	0.9736

续表

年份	总变动	地区结构		地区效率	
		贡献值	贡献率	贡献值	贡献率
2008 ~ 2009	− 0.0613	− 0.0038	0.0613	− 0.0576	0.9387
2009 ~ 2010	− 0.0711	− 0.0003	0.0041	− 0.0708	0.9959
2010 ~ 2011	− 0.0302	0.0018	− 0.0601	− 0.0321	1.0601
2011 ~ 2012	− 0.0576	0.0001	− 0.0024	− 0.0578	1.0024
2012 ~ 2013	− 0.0411	− 0.0014	0.0341	− 0.0397	0.9659
2013 ~ 2014	− 0.0584	− 0.0026	0.0451	− 0.0557	0.9549
2014 ~ 2015	− 0.0553	− 0.0012	0.0217	− 0.0541	0.9783
2015 ~ 2016	− 0.0423	− 0.0010	0.0226	− 0.0414	0.9774

2005 年以来，京津冀整体能源强度呈逐年下降趋势，其中地区效率是主要的促进因素，累计贡献率约为 97.52% ，京、津、冀能源强度年均下降绝对量分别约为 0.0278、0.0351、0.0778 吨标准煤/万元，如图 2 – 29 所示，河北省年均下降绝对量大于京津冀整体的绝对量（0.0538），且在每一年均大于京津冀整体的下降绝对量。京、津、冀能源强度年均下降速度分别约为 6.4%、5.57%、5.72%，北京市年均下降速度高于京津冀整体能源强度年均下降速度（5.96%）；地区结构对京津冀整体能源强度变动的贡献不显著，累计贡献仅约为 2.48%，主要原因在于地区结构变化微弱，2005 年以来，京、津、冀生产总值占京津冀整体生产总值的比重年均变动分别约为 − 0.37 个百分点、0.67 个百分点、0.29 个百分点，除 2006 年、2011 年和 2012 年对能源强度下降产生抑制作用外，其他年份均产生促进作用。

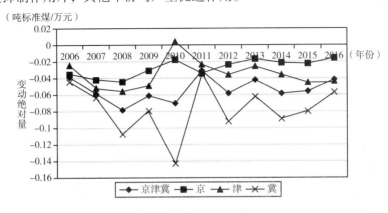

图 2 – 29　2005 ~ 2016 年京、津、冀及整体能源强度逐年变动绝对量

（2）京津冀产业能源强度的因素分析。

根据式（2-13）分别计算得到2005~2016年京津冀第一产业、工业、建筑业、第三产业能源强度的变动以及地区结构、地区效率等因素对其的贡献值和贡献率等如表2-30所示。

如图2-30所示，2005年以来，京津冀第一产业能源强度波动较频繁，2006年、2007年、2009年、2010年、2014年较上一年均有所上升，其余年份较上一年均有所下降，但累计变动为-0.069吨标准煤/万元。

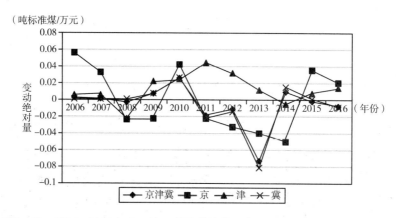

图2-30　2005~2016年京、津、冀及整体第一产业能源强度逐年变动绝对量

其中，产业的地区效率对京津冀第一产业能源强度变动的贡献率较高，累计贡献率约为80.72%，且二者的波动趋势几乎一致，即在第一产业能源强度上升的年份，地区效率是其促进因素，在第一产业能源强度下降的年份，地区效率仍是其促进因素；河北省第一产业能源强度逐年变动绝对量与京津冀第一产业能源强度变动绝对量几乎重合，主要原因在于河北省第一产业增加值占京津冀第一产业增加值的88%左右，河北省第一产业能源强度的变动决定着京津冀第一产业能源强度的变动趋势。产业的地区结构是京津冀第一产业能源强度下降的稳定的促进因素，累计贡献率约为19.28%。

2005年以来，京津冀工业能源强度呈逐年下降趋势，累计变动绝对量为-1.3647吨标准煤/万元，其中产业的地区效率是其主要促进因素，累计贡献率约为96.25%；如图2-31所示，京、津、冀工业能源强度年均下降绝对量分别约为0.0765、0.0618、0.1617吨标准煤/万元，河北省年均下降绝对量大于京津冀工业能源强度年均下降绝对量（0.1241吨标准煤/万元），河北省工

表 2－30　2005～2016 年京津冀产业能源强度的因素分析

年份	第一产业					工业					建筑业					第三产业				
	总变动	产业的地区结构		产业的地区效率		总变动	产业的地区结构		产业的地区效率		总变动	产业的地区结构		产业的地区效率		总变动	产业的地区结构		产业的地区效率	
		贡献值	贡献率	贡献值	贡献率		贡献值	贡献率	贡献值	贡献率		贡献值	贡献率	贡献值	贡献率		贡献值	贡献率	贡献值	贡献率
2005～2006	0.0030	-0.0013	-0.4224	0.0043	1.4224	-0.0985	0.0116	-0.1175	-0.1101	1.1175	-0.0122	0.0003	-0.0206	-0.0124	1.0206	-0.0128	0.0001	-0.0046	-0.0128	1.0046
2006～2007	0.0014	-0.0011	-0.7986	0.0025	1.7986	-0.1471	-0.0007	0.0048	-0.1464	0.9952	-0.0012	-0.0003	0.2121	-0.0009	0.7879	-0.0156	-0.0001	0.0081	-0.0155	0.9919
2007～2008	-0.0035	-0.0010	0.2923	-0.0025	0.7077	-0.1774	0.0033	-0.0188	-0.1807	1.0188	0.0251	0.0017	0.0692	0.0233	0.9348	-0.0141	-0.0003	0.0217	-0.0138	0.9783
2008～2009	0.0075	0.0003	0.0428	0.0071	0.9572	-0.1351	-0.0190	0.1404	-0.1162	0.8596	-0.0187	-0.0016	0.0832	-0.0171	0.9168	-0.0167	-0.0002	0.0112	-0.0166	0.9888
2009～2010	0.0256	-0.0016	-0.0622	0.0272	1.0622	-0.1976	-0.0173	0.0875	-0.1803	0.9125	0.0139	0.0008	0.0574	0.0131	0.9426	-0.0123	0.0000	-0.0002	-0.0123	1.0002
2010～2011	-0.0183	-0.0009	0.0497	-0.0174	0.9503	-0.0240	-0.0015	0.0645	-0.0224	0.9355	0.0173	0.0016	0.0923	0.0157	0.9077	-0.0059	-0.0003	0.0450	-0.0057	0.9550
2011～2012	-0.0117	-0.0004	0.0304	-0.0113	0.9696	-0.1505	-0.0024	0.0161	-0.1481	0.9839	-0.0263	-0.0004	0.0136	-0.0260	0.9864	-0.0073	-0.0003	0.0467	-0.0069	0.9533
2012～2013	-0.0733	0.0000	-0.0001	-0.0733	1.0001	-0.1520	-0.0041	0.0268	-0.1479	0.9732	-0.0914	0.0010	-0.0105	-0.0924	1.0105	-0.0073	-0.0004	0.0580	-0.0069	0.9420
2013～2014	0.0095	-0.0012	-0.1216	0.0107	1.1216	-0.1083	-0.0097	0.0895	-0.0986	0.9105	-0.0241	0.0004	-0.0167	-0.0245	1.0167	-0.0117	0.0000	0.0032	-0.0117	0.9968
2014～2015	-0.0011	-0.0034	3.1546	0.0023	-2.1546	-0.0961	-0.0047	0.0488	-0.0914	0.9512	-0.0015	-0.0013	0.8683	-0.0002	0.1317	-0.0104	0.0002	-0.0189	-0.0106	1.0189
2015～2016	-0.0081	-0.0028	0.3434	-0.0053	0.6566	-0.0780	-0.0067	0.0854	-0.0713	0.9146	-0.0083	0.0000	0.0015	-0.0083	0.9985	-0.0050	0.0001	-0.0203	-0.0051	1.0203

业能源强度逐年变动绝对量与京津冀工业能源强度变动绝对量变化趋势一致，且在每一年均大于京津冀工业能源强度下降绝对量，原因在于河北省工业增加值占京津冀工业增加值的51%以上，在一定程度上左右着京津冀工业能源强度的变动趋势。产业的地区结构除2006年和2008年外，均促进了京津冀工业能源强度的下降，但由于工业的地区结构变动平缓，2005年以来，京、津、冀工业增加值占京津冀工业增加值的比重年均变动分别约为 - 0.6个百分点、1.01个百分点、 - 0.41个百分点，使得地区结构的累计贡献率仅约为3.75%。

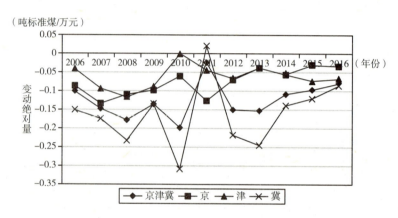

图2 - 31　2005～2016年京、津、冀及整体工业能源强度逐年变动绝对量

除2008年、2010年和2011年外，2005年以来京津冀建筑业能源强度较上一年均有所下降，累计变动约为 - 0.1275吨标准煤/万元。其中，产业的地区效率对京津冀建筑业能源强度变动的累计贡献约为101.77%，除在2008年、2010年和2011年推动了建筑业能源强度上升外，其余年份均促进了京津冀建筑业能源强度的下降。如图2 - 32所示，京、津、冀建筑业能源强度年均下降绝对量分别约为0.0169、0.0038、0.0115吨标准煤/万元，北京市年均下降绝对量略大于京津冀建筑业能源强度年均下降绝对量（0.0116吨标准煤/万元）。产业的地区结构除在2007年、2009年、2012年、2015年对京津冀建筑业能源强度的下降起了微弱的促进作用外，其他年份起到了微弱的抑制作用，累计贡献率约为 - 0.17%，原因在于建筑业的地区结构变化不显著，京、津、冀建筑业增加值占京津冀建筑业增加值的比重年均变动分别约为0.2个百分点、0.23个百分点、 - 0.43个百分点。

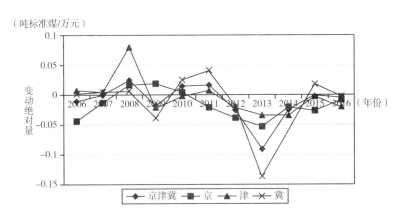

图 2 - 32　2005 ~ 2016 年京、津、冀及整体建筑业能源强度逐年变动绝对量

2005 年以来，京津冀第三产业能源强度呈逐年下降趋势，累计变动绝对量为 - 0. 1192 吨标准煤/万元，其中产业的地区效率是其主要促进因素，累计贡献率约为 98. 89%；如图 2 - 33 所示，京、津、冀工业能源强度年均下降绝对量分别约为 0. 0101、0. 0134、0. 0103 吨标准煤/万元，天津市年均下降绝对量大于京津冀工业能源强度年均下降绝对量（0. 0108 吨标准煤/万元），京津冀第三产业能源强度逐年变动绝对量与北京市第三产业能源强度逐年变动绝对量变化趋势相似，原因在于北京市第三产业增加值占京津冀第三产业增加值的 45% 以上，在一定程度上左右着京津冀第三产业能源强度的变动趋势。产业的地区结构对京津冀第三产业能源强度变动的累计贡献率约为 1. 11%，在 2007 ~ 2013 年对京津冀第三产业能源强度的下降起了微弱的促进作用，但自 2014 年开始起微弱的抑制作用，原因在于 2014 年以来京、津、冀第三产业增加值占京津冀第三产业增加值的比重年均变动分别约为 - 0. 59 个百分点、0. 2 个百分点、0. 39 个百分点，河北省第三产业比重增长速度最快，但第三产业能源强度下降速度最慢。

（3）京、津、冀地区能源强度的因素分析。

根据式（2 - 15）分别计算得到 2005 ~ 2016 年京、津、冀能源强度的变动以及产业结构、产业效率等因素对其的贡献值和贡献率等如表 2 - 31 所示。如图 2 - 34 所示，2005 年以来，北京市能源强度呈逐年下降趋势，累计变动绝对量为 - 0. 3058 吨标准煤/万元，其中产业效率是其主要促进因素，累计贡献率约为 90. 48%。

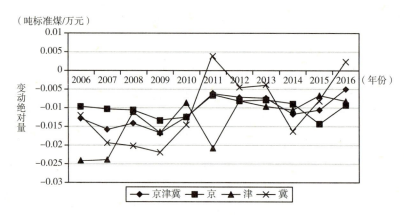

图 2 − 33　2005 ～ 2016 年京、津、冀及整体第三产业能源强度逐年变动绝对量

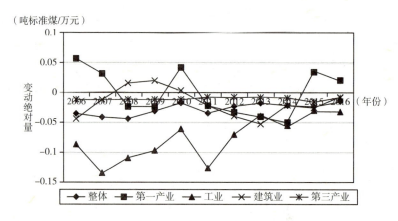

图 2 − 34　2005 ～ 2016 年北京市能源强度及分产业能源强度逐年变动绝对量

　　第一产业、工业、建筑业、第三产业能源强度年均下降绝对量分别约为 0.0001、0.0765、0.0169、0.0101 吨标准煤/万元，工业年均下降绝对量大于北京市能源强度年均下降绝对量（0.0278 吨标准煤/万元）且在每一年均大于北京能源强度下降绝对量，可见工业能源强度的下降为北京市能源强度的下降做出了重要贡献。产业结构对北京市能源强度变动的累计贡献率约为 9.52%，对北京市能源强度的下降起了微弱的促进作用，北京市产业结构变化缓慢，第一产业、工业、建筑业、第三产业所占比重年均变动分别约为 − 0.07 个百分点、− 0.38 个百分点、0.03 个百分点、0.43 个百分点。

表 2-31　2005~2016 年京、津、冀地区能源强度的因素分析

年份	京					津					冀				
	总变动	产业结构		产业效率		总变动	产业结构		产业效率		总变动	产业结构		产业效率	
		贡献值	贡献率	贡献值	贡献率		贡献值	贡献率	贡献值	贡献率		贡献值	贡献率	贡献值	贡献率
2005~2006	-0.0355	-0.0067	0.1903	-0.0287	0.8097	-0.0242	0.0051	-0.2082	-0.0295	1.2082	-0.0444	0.0302	-0.6804	-0.0746	1.6804
2006~2007	-0.0425	-0.0033	0.0776	-0.0392	0.9224	-0.0515	0.0055	-0.1067	-0.0572	1.1067	-0.0637	0.0266	-0.4178	-0.0904	1.4178
2007~2008	-0.0447	-0.0131	0.2936	-0.0315	0.7064	-0.0557	0.0065	-0.1170	-0.0620	1.1170	-0.1077	0.0137	-0.1268	-0.1215	1.1268
2008~2009	-0.0312	-0.0013	0.0421	-0.0298	0.9579	-0.0498	0.0052	-0.1045	-0.0550	1.1045	-0.0798	-0.0046	0.0577	-0.0751	0.9423
2009~2010	-0.0178	0.0038	-0.2134	-0.0216	1.2134	0.0041	0.0085	2.0598	-0.0044	-1.0598	-0.1433	0.0110	-0.0769	-0.1542	1.0769
2010~2011	-0.0345	-0.0008	0.0221	-0.0337	0.9779	-0.0233	0.0083	-0.3565	-0.0316	1.3565	0.0385	0.0269	0.6982	0.0116	0.3018
2011~2012	-0.0236	-0.0004	0.0158	-0.0232	0.9842	-0.0353	0.0059	-0.1665	-0.0413	1.1665	-0.0957	0.0202	-0.2107	-0.1158	1.2107
2012~2013	-0.0168	0.0000	-0.0024	-0.0169	1.0024	-0.0258	0.0007	-0.0262	-0.0264	1.0262	-0.1322	0.0103	-0.0777	-0.1425	1.0777
2013~2014	-0.0213	-0.0012	0.0574	-0.0199	0.9426	-0.0362	-0.0004	0.0101	-0.0359	0.9899	-0.0895	-0.0114	0.1270	-0.0781	0.8730
2014~2015	-0.0224	-0.0042	0.1887	-0.0182	0.8113	-0.0454	-0.0008	0.0174	-0.0444	0.9826	-0.0803	-0.0165	0.2059	-0.0638	0.7941
2015~2016	-0.0156	-0.0018	0.1155	-0.0139	0.8845	-0.0437	-0.0019	0.0431	-0.0419	0.9569	-0.0573	-0.0145	0.2535	-0.0428	0.7465

2005 年以来，天津市能源强度呈逐年下降趋势，累计变动绝对量为 −0.3866吨标准煤/万元，其中产业效率是其主要促进因素，累计贡献率约为 111.09%。

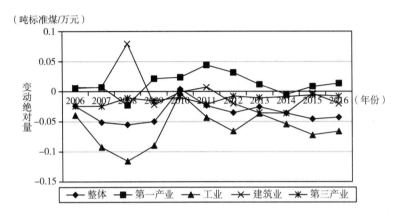

图 2−35　2005～2016 年天津市能源强度及分产业能源强度逐年变动绝对量

如图 2−35 所示，第一产业能源强度年均增长绝对量约为 0.013 吨标准煤/万元，工业、建筑业、第三产业能源强度年均下降绝对量分别约为 0.0618、0.0038、0.0134吨标准煤/万元，工业年均下降绝对量大于天津市能源强度年均下降绝对量（0.0351 吨标准煤/万元），天津市能源强度逐年变动绝对量与天津市工业能源强度逐年变动绝对量变化趋势相似，但由于第一产业能源强度逐年变动减缓了天津市能源强度逐年变动量，使得工业能源强度下降绝对量在每一年均大于北京能源强度下降绝对量，可见工业能源强度的下降为天津市能源强度的下降做出了重要贡献。产业结构对天津市能源强度变动的累计贡献率为 −11.09%，2013 年以前对天津市能源强度的下降起了微弱的抑制作用，2014 年开始起了微弱的促进作用，且其贡献有上升趋势，主要原因在于2014 年以来，作为天津市能源强度最低的第三产业比重增长了约0.19 个百分点，而第一产业、工业、建筑业等分别减少了约0.07 个百分点、0.12 个百分点、0.04 个百分点，天津市产业结构趋于改善。

2005 年以来，除2011 年外，河北省能源强度均呈逐年下降趋势，累计变动绝对量为 −0.8554 吨标准煤/万元，其中除2011 年外，产业效率是其主要促进因素，累计贡献率约为 110.73%。如图 2−36 所示，第一产业、工业、建筑业、第三产业能源强度年均下降绝对量分别约为 0.0067、0.1617、0.0116、

0.0103 吨标准煤/万元，工业年均下降绝对量大于河北省能源强度年均下降绝对量（0.0778 吨标准煤/万元），河北省能源强度逐年变动绝对量与河北省工业能源强度逐年变动绝对量变化趋势相似，但由于第一产业和建筑业能源强度逐年变动减缓了河北省能源强度逐年变动量，使得工业能源强度下降绝对量在每一年均大于河北省能源强度下降绝对量，可见工业能源强度的下降为河北省能源强度的下降做出了重要贡献。产业结构对河北省能源强度变动的累计贡献率约为 – 10.73%，2013 年以前除 2009 外，其他年份均对能源强度下降起了微弱的抑制作用，2014 年以来起了微弱的促进作用，主要原因在于 2014 年以来，作为河北省能源强度最低的第三产业比重增长了约 1.19 个百分点，而第一产业、工业、建筑业等分别减少了约 0.26 个百分点、0.99 个百分点、0.002 个百分点，河北省产业结构趋于改善。

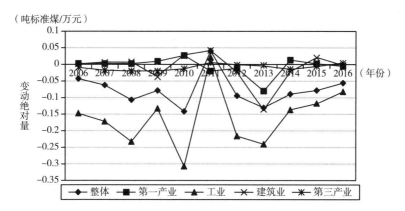

图 2 – 36　2005 ~ 2016 年河北省能源强度及分产业能源强度逐年变动绝对量

第3章

京津冀能源强度的影响因素及
其效应研究

前面主要研究了京津冀能源强度的地区差异和行业差异，有利于明确重点降耗地区和重点降耗行业，从而为分地区分行业量身定制降耗目标提供参考。为完成降耗目标，有必要提炼能源强度的主要影响因素，并挖掘其影响机理，从而确定重点降耗措施。总体而言，结构降耗、生产（技术）降耗和消费（管理）降耗是实现降耗的三种主要方式，其中结构降耗是指国家或者地区通过优化产业结构促进能源投入产出效率的方式实现的降耗，生产降耗是指企业通过革新技术提高产品的能源使用效率的方式实现的降耗，而消费降耗是指通过管理个人、家庭及社会群体等在生活消费中的行为实现的降耗。可见，相对于生产降耗和消费降耗，结构降耗更加宏观、基础、有效。前面虽然总结了分地区能源强度的产业差异，也分析了产业结构对能源强度变动的贡献，但并没有考虑产业结构内部比例间的相互关系及其与能源强度间的相互关系，因此，本章在考虑京津冀能源强度空间相关性的前提下，揭示能源强度与其影响因素间的关系，进一步明确产业结构的影响效应；进而通过构建三次产业结构影响能源强度的路径分析模型，揭示产业结构对能源强度的影响机理，并结合"十三五"节能和经济增长目标提炼降低京津冀能源强度的产业结构优化路径。

3.1

京津冀能源强度的空间相关性分析

由于京津冀地缘相近、地域一体，京津冀协同发展的思想由来已久，京、津、冀间经济关系密切，尤其是北京市既为首都，又作为京津冀区域的增长极点，对津、冀等的极化效应和扩散效应较明显，因此在总结京、津、冀能源强度的影响因素及其影响机理前，有必要检验三地间能源强度的空间相关性。基于科学性、代表性、数据可获性等原则，本章借助 Geoda 软件运用探索性空间数据分析方法主要探究 2011~2016 年京津冀能源强度的空间特征及其演变规律。2011~2016 年北京市、天津市、保定市、沧州市、承德市、邯郸市、衡水市、廊坊市、秦皇岛市、唐山市、石家庄市、邢台市、张家口市等 13 个市能源强度（2005 年不变价）见表 2-4、表 2-12 和表 2-19 所示。

3.1.1　全局空间相关性检验

全局莫兰指数能够反映京津冀区域内部，各个地域单元与邻近地域单元之间的相似性。单变量全局莫兰指数 I 的计算公式如下：

$$I = \frac{n \sum\limits_{i=1}^{n} \sum\limits_{j=1}^{n} w_{ij}(x_i - \bar{x})(x_j - \bar{x})}{\sum\limits_{i=1}^{n} \sum\limits_{j=1}^{n} w_{ij} \sum\limits_{i=1}^{n}(x_i - \bar{x})^2} = \frac{\sum\limits_{i=1}^{n} \sum\limits_{j=1}^{n} w_{ij}(x_i - \bar{x})(x_j - \bar{x})}{S^2 \sum\limits_{i=1}^{n} \sum\limits_{j=1}^{n} w_{ij}} \quad (3-1)$$

其中，n 是研究区域内地域单元总数，在此 $n = 13$，w_{ij} 是空间权重矩阵的元素值，在此采用"后式"（queen）邻接规则确定一阶空间权重反映京津冀地区 13 个市之间的地理相邻关系，x_i（x_j）是地域单元 i（j）的 x 变量值，在此为第 i 个市的能源强度，S^2、x 分别表示样本方差和均值。

由式（3-1）可知，$-1 \leqslant I \leqslant 1$，Moran's $I > 0$ 表示空间正相关，即各个市与邻近市的能源强度相似性较高、集聚性较强（高—高或低—低），值越大表明空间相关性越强；Moran's $I < 0$ 表示空间负相关，即各个市与邻近市的能源强度空间差异性较大（高—低或低—高），绝对值越大表明空间差异越大；Moran's $I = 0$ 表示各个市与邻近市的能源强度是随机的，不存在空间相关性。

利用 Geoda 软件计算的 2011~2016 年京津冀地区 13 个市能源强度的全局莫兰（Moran）指数如表 3-1 所示。2011~2016 年京津冀能源强度的全局 Moran 指数均为负数，且趋于 0，p 值较大，没有通过显著性检验。由此可见，2011 年以来，京津冀各市能源强度的空间相关性较弱。

表 3 –1 2011 ~ 2016 年京津冀能源强度的全局 Moran 指数

年份	Moran's I	平均值	标准差 S. d	p 值
2011	– 0. 1535	– 0. 0760	0. 1804	– 0. 4297
2012	– 0. 0309	– 0. 0738	0. 1792	0. 2393
2013	– 0. 0385	– 0. 0743	0. 1795	0. 1993
2014	– 0. 0261	– 0. 0749	0. 1849	0. 2639
2015	– 0. 0294	– 0. 0745	0. 1858	0. 2427
2016	– 0. 0283	– 0. 0749	0. 1864	0. 2503

3.1.2 局部空间相关性检验

全局空间相关性检验能够从整体上描述京津冀能源强度的空间相关性及聚集特征，但无法反映京津冀能源强度在市域间的局部特征，因此有必要通过 Moran 散点图和局部空间关联性指标（Local Indicators of Spatial Association，LI-SA）进一步揭示京津冀市域能源强度的局部空间相关性及聚集特征。

3.1.2.1 Moran 散点图分析

Moran 散点图利用横轴表示各市能源强度标准化值，纵轴表示各市与邻近市能源强度标准化值的加权值，依此反映各市与邻近市间能源强度的空间相关性。2011 ~ 2016 年京津冀能源强度 Moran 散点图及市域分布变化如图 3 – 1 和表 3 – 2 所示。

处于第一、第三象限的市域能源强度具有空间相似性特征，处于第二、第四象限的市域能源强度具有空间差异性特征，2011 年以来处于第一、第三象限的市域个数与处于第二、第四象限的市域个数几乎一样多，且变动非常频繁，从而使得京津冀能源强度在整体上的空间相关性较弱。具体而言，衡水由第二象限（低—高）进入第一象限（高—高）并最终稳定在第三象限（低—低），北京由第三象限（低—低）进入第二象限（低—高）并保持稳定，石家庄由第三象限（低—低）进入第二象限（低—高）并最终稳定在第三象限（低—低），沧州由第三象限（低—低）进入第四象限（高—低）并最终稳定在第三象限（低—低），廊坊由第四象限（高—低）进入第三象限（低—低）并保持稳定，从变化趋势来看，在京津冀协同发展战略的大力推动下，京、津

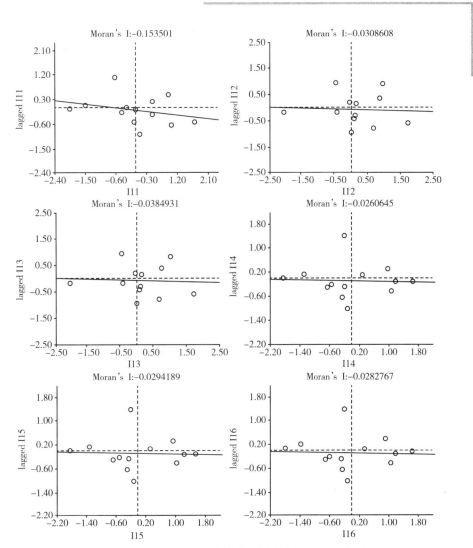

图 3 – 1　2011～2016 年京津冀能源强度 Moran 散点图

表 3 – 2　　　　　2011～2016 年京津冀能源强度 Moran 散点图市域分布变化

年份	第一象限（高—高）	第二象限（低—高）	第三象限（低—低）	第四象限（高—低）
2011	邢台、邯郸	秦皇岛、天津、衡水	北京、保定、石家庄、沧州	承德、廊坊、张家口、唐山
2012～2013	邢台、邯郸、衡水	秦皇岛、石家庄	天津、北京、保定、廊坊	承德、沧州、张家口、唐山
2014～2016	邢台、邯郸	秦皇岛、天津、北京	衡水、保定、石家庄、沧州、廊坊	承德、张家口、唐山

一般性产业向河北省的转移，使得北京、天津的能源强度相对于周边市域变得更低，而在《京津冀协同发展规划》中被定位为"南部功能拓展区"的保定、沧州、衡水、廊坊等由于承接京、津产业转移使得能源强度进一步下降。邢台、邯郸处于京津冀的最南部，经济较落后，工业化进程缓慢，且与京、津距离较远，不在京、津的经济辐射显著范围，因此属于稳定的能源强度高值集聚区，而承德、张家口、唐山始终处于第四象限，即高值被低值包围，与邻近市域能源强度差异性较大，其中唐山市由于重工业化特征明显，高耗能产业比重大使得能源强度较高，承德、张家口、秦皇岛主要发展旅游业，地区生产总值在京津冀垫底，但由于气候寒冷等缘故，生活能源消费较高，使得能源强度并不低；由于秦皇岛与唐山、承德相邻，因此稳定在第二象限，即低值被高值包围。总体而言，京津冀南部市域属于高值集聚区，而西北部和东北部市域与中部市域能源强度的差异性较大。

3.1.2.2 LISA 集聚图分析

安塞林（Anselin）提出的局部空间关联性指标 LISA 利用 Geoda 软件描绘在地图上，即 LISA 集聚地图，可以非常直观地反映出京津冀市域能源强度的局部空间相关性及集聚特征的显著性。2011 ~ 2016 年京津冀能源强度 LISA 集聚地图如图 3 - 2 所示。结合 Moran 散点图，2011 年以来，处于第一象限(高—高)的市域没有表现出显著的高值集聚，主要原因在于与其相邻的石家庄、衡水未出现高能源强度集聚；2012 年以来，京津冀地区一直存在着能源强度低值集聚显著区，且范围在扩大，显著性趋于增强，但具体包含市域有所变动，2012 年和 2013 年包括北京和廊坊，2014 ~ 2016 年包括保定、廊坊和沧州，变动的原因主要是北京向周边市域的产业转移，使得北京周边市域能源强度相对北京变高了。可见，保定、廊坊和沧州形成了京津冀区域较稳定的能源强度低值集聚显著区，而其他市域间能源强度的集聚现象不显著。

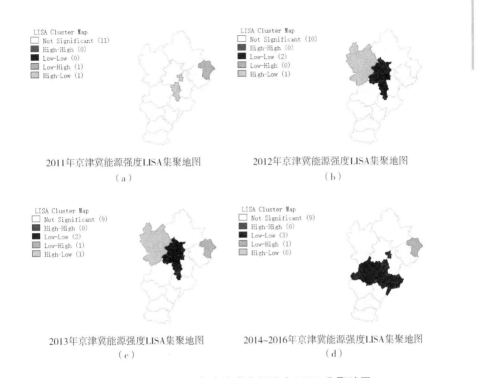

2011年京津冀能源强度LISA集聚地图
（a）

2012年京津冀能源强度LISA集聚地图
（b）

2013年京津冀能源强度LISA集聚地图
（c）

2014~2016年京津冀能源强度LISA集聚地图
（d）

图 3 - 2　2011～2016 年京津冀能源强度 LISA 集聚地图

3. 2

京津冀能源强度与其影响因素的计量分析

3.2.1　京津冀能源强度的影响因素分析

根据以上分析，京津冀市域间能源强度表现出一定的局部空间相关性和集聚现象，且有逐步增强的趋势，但整体上空间相关性并不显著。因此在分析京津冀能源强度影响因素时暂不考虑空间因素。能源强度的影响因素较多，已有研究主要通过分解技术、回归分析等方法探讨不同因素的影响效应，归纳起来主要包括：

（1）产业结构。根据钱纳里的经济阶段理论，经济发展的跃迁是通过产业结构演进来推动的，而产业结构在演进的不同阶段对能源的依赖性是有差异的，因此在研究设计中，不同研究对象或者同一研究对象不同阶段等都会产生不同的研究结论，如产业结构对能源强度产生了（阶段性）显著的正影响或负影响，产业结构对能源强度的影响不显著等。

（2）技术进步。技术进步的实质就是提高效率，具体到能源技术进步，可以通过较少的能源投入实现较大产出，即降低能源强度。根据希克斯技术进步分类的思想，结合有关研究，劳动、资本与能源之间由于技术进步的方向不同会产生替代效应，因此表征技术进步的指标不同，所得结论也会有所差异。

（3）投资。投资的高度增长必然带来经济扩张，在不同的发展阶段，具体扩张领域会有不同，对能源强度的影响也就不同。在工业化中前期，资本主要流向重化工业，从而产生高能源需求；工业化后期尤其是后工业化阶段，资本逐渐从工业转到服务业，能源需求降低。

（4）政府调控。基于经济可持续发展的目标，我国政府已将节能减排纳入国民经济中长期发展规划，并通过控制能源消费和能源强度（"双控"）倒逼经济转型。政府通过行政命令或引导投资等"去产能""供给侧改革"势必淘汰高耗能产业，推动产业结构快速升级，降低对能源的依赖。

（5）产权安排。一般来说，产权安排与区域产业结构相适应。重工业部门，大都属于资本密集型行业，为实现规模经济效益，一般要求初始投资规模大；根据罗森斯坦—罗丹的大推进理论，燃料、动力、能源等基础产业具有资本不可分性，因此投资必须达到一个最低限度的规模。私人投资没有能力或没有意愿进入这些部门，只能由拥有巨大势力的政府、国企等进入。可见，能源强度高低在一定程度上受区域产业安排的影响。

3.2.2 面板数据模型构建与数据处理

3.2.2.1 模型构建

为进一步探讨产业结构、技术进步、投资、政府调控、产权安排等因素对京津冀能源强度的影响，建立各因素与能源强度的面板数据模型如下：

$$I_{it} = \alpha_1 IS_{it} + \alpha_2 TP_{it} + \alpha_3 II_{it} + \alpha_4 GI_{it} + \alpha_5 OS_{it} + \delta_{it} \qquad (3-2)$$

其中，I、IS、TP、II、GI、OS 分别表示能源强度、产业结构、技术进步、投资、政府调控、产权安排等，α_j（$j=1, 2\cdots5$）分别表示各自变量的系数，反映了各影响因素对能源强度的影响大小，δ 表示随机误差项，反映了除以上影响因素外，其他因素对能源强度的影响。

3.2.2.2　数据处理

基于以上分析，主要利用 2011~2016 年京津冀地区 13 个市域的能源强度、产业结构、技术进步、投资、政府调控、产权安排等相关指标数据拟合方程。具体说明如下：

（1）产业结构。利用第二产业产值占地区生产总值的比重变化反映产业结构演进情况。2011~2016 年京津冀地区 13 个市的产业结构数据见表 2-26。

（2）技术进步。利用专利申请授权量反映技术进步情况。2011~2016 年京津冀地区 13 个市的技术进步数据见表 2-26。

（3）投资。利用全社会固定资产投资较上一年的增长率反映投资情况。2011~2016 年北京、天津的全社会固定资产投资增长率可分别通过《北京统计年鉴 2017》《天津统计年鉴 2017》直接获取；河北省 11 个地级市的全社会固定资产投资增长率需通过 2011~2017 年《河北经济年鉴》获得，2008~2016 年全社会固定资产投资额数据经计算得到。

（4）政府调控。利用政府财政支出占地区生产总值的比重反映政府调控情况。2011~2016 年北京、天津的政府财政支出可分别通过《北京统计年鉴 2017》《天津统计年鉴 2017》直接获取；河北省 11 个地级市的政府财政支出可通过 2012~2017 年《河北经济年鉴》直接获取。

（5）产权安排。利用城镇国有经济就业人数占城镇就业人数的比重反映所有制结构。2011~2016 年北京、天津的城镇国有经济就业人数及城镇就业人数均可分别通过《北京统计年鉴 2017》《天津统计年鉴 2017》直接获取；河北省 11 个地级市的城镇国有经济就业人数及城镇就业人数可通过 2012~2017 年《河北经济年鉴》直接获取。

2011~2016 年京津冀地区 13 个市的投资增速、政府调控、产权安排等相关指标数据如表 3-3 所示。

3.2.3　实证分析

基于以上数据，分别构建了能源强度与其影响因素间的个体固定效应模

表3-3 2011～2016年京津冀地区13市的投资增速（%）、政府调控（%）、产权安排（%）等数据

城市	2011年			2012年			2013年			2014年			2015年			2016年		
	投资增速	政府调控	产权安排	投资增速	政府调控	产权安排	投资增速	政府调控	产权安排	投资增速	政府调控	产权安排	投资增速	政府调控	产权安排	投资增速	政府调控	产权安排
石家庄	5.03	9.88	69.27	20.02	10.31	64.73	18.01	10.64	51.35	16.12	10.96	48.55	12.09	12.54	48.75	4.02	12.59	48.65
承德市	10.42	17.42	62.40	23.21	19.95	62.58	20.04	20.58	50.69	16.32	19.78	50.90	7.57	21.53	50.17	6.36	21.11	50.37
张家口	9.25	20.70	60.84	19.96	21.61	59.17	9.16	22.52	52.65	10.03	24.44	55.10	10.66	28.62	54.48	4.64	28.32	54.55
秦皇岛	21.54	15.76	53.28	20.28	17.55	48.13	6.36	17.14	46.93	2.84	17.66	47.18	10.36	18.26	48.14	0.01	18.20	46.58
唐山	-4.53	8.12	43.20	20.48	8.36	39.78	18.50	8.12	36.66	15.95	8.43	37.74	9.65	9.70	38.10	9.02	10.11	38.16
廊坊	19.76	14.15	48.14	20.71	14.94	46.32	20.06	14.67	42.51	19.30	13.90	37.83	15.12	19.48	38.63	14.95	18.71	37.32
保定	12.55	13.58	54.13	19.97	14.10	44.61	9.98	15.84	36.21	13.09	15.08	35.02	11.40	17.17	34.39	7.66	17.60	35.64
沧州	10.34	10.23	62.42	22.05	11.08	58.17	20.90	11.70	52.61	18.28	12.17	51.29	13.67	14.60	51.53	11.39	14.24	50.93
衡水	17.98	14.79	57.66	20.55	15.91	55.30	22.51	17.18	54.44	18.95	21.11	52.93	14.39	22.04	51.73	11.12	21.32	53.20
邢台	2.76	15.02	69.19	19.95	16.33	51.32	18.18	16.43	47.36	14.95	17.89	46.82	10.42	21.17	48.50	9.56	20.72	48.77
邯郸	8.19	11.78	71.69	20.05	12.55	70.29	15.75	11.99	49.83	15.05	13.14	47.94	11.11	16.39	47.32	8.27	15.82	47.07
北京	13.30	19.52	15.67	9.34	20.08	15.23	8.80	20.53	14.92	7.50	20.62	12.39	5.70	24.22	10.27	5.90	24.96	9.58
天津	15.35	15.65	19.75	18.12	16.35	18.90	14.09	17.35	17.56	15.15	18.03	17.69	12.11	19.20	16.52	11.97	20.68	16.48

型、时点固定效应模型和随机效应模型，具体结果见表 3 - 4 所示。综合考虑调整后 R^2、F 值、t 统计量以及 Hausman 统计量（11.3872），选择个体固定效应模型进一步揭示各因素对京津冀能源强度的影响效应，且各因素在个体固定效应模型中的影响方向与时点固定效应模型和随机效应模型一致，也说明了结果的可靠性。根据个体固定效应模型，可以看出：

（1）产业结构与能源强度呈显著的正相关关系。在其他因素不变的情况下，第二产业比重增加（减少）1%，能源强度会增加（减少）0.0269%。2011 年以来北京、天津以及河北省 11 个地级市的第二产业比重不断下降，促进了能源强度的持续下降。2016 年，北京市第二产业比重最低（19.3%），能源强度也最低，而唐山市第二产业比重仍然高于 55%，能源强度也维持在较高水平上。但需注意，如果第二产业内部高新技术产业比重不断上升，传统高耗能产业比重不断下降，那么即使第二产业比重较高，能源强度也会趋于下降，如保定、沧州等第二产业比重仍接近 50%，但能源强度已降至 1 吨标准煤/万元以下，天津市第二产业比重仍在 40% 以上，能源强度已降至 0.5 吨标准煤/万元。

（2）技术进步与能源强度呈较显著的正相关关系。在其他因素不变的情况下，专利申请授权量增加（减少）1%，能源强度会增加（减少）0.0045%。这一结论违背了"技术进步可以有效降低能源强度"的传统观点，可能的原因在于本书利用专利申请授权量表征技术进步，而京津冀地区尤其是河北省的有关专利主要集中于资本节约型技术，甚至利用劳动和能源代替资本，这与河北省所处的经济阶段特征及资源禀赋特征等有一定关系。

（3）投资与能源强度呈显著的负相关关系。在其他因素不变的情况下，投资增长率增加（减少）1%，能源强度会减少（增加）0.0093%。这一结论与前面的假定不同，造成这一结果的原因可能在于政府投资对社会投资的引导发挥了作用，在"去产能""供给侧结构性改革""6643 工程"等政策推动下，河北省大幅度淘汰落后产能，引导社会资本进入高新技术产业、现代化服务业等，传统优势产业也通过提高产品质量、延伸产业链等方式完成了升级改造。

（4）政府调控与能源强度呈显著的负相关关系。在其他因素不变的情况下，政府财政支出占比增加（减少）1%，能源强度会减少（增加）0.0449%。节能减排是京津冀协同发展的重要突破口，为此政府加大了财政补贴力度，设立专项资金支持节能工程，加强了监管，强化了组织保障、制度法规保障、技术保障等。

（5）产权安排与能源强度呈显著的正相关关系。在其他因素不变的情况下，国有经济就业人数比重增加（减少）1%，能源强度会增加（减少）0.0101%。与前面假定相同，在工业化中、前期，国有经济占比高在一定程度上反映出重工业比重较大，对能源的消耗较高。

表3－4   固定效应模型和随机效应模型的参数估计结果

	固定效应		随机效应
	个体固定	时点固定	
IS	0.0269 ** （2.8293）	0.0190 ** （3.5528）	0.0223 ** （3.1664）
TP	0.0045 * （2.1280）	0.0005 （0.1915）	0.0040 * （2.1629）
II	− 0.0093 ** （− 3.4655）	− 0.0204 ** （− 3.3404）	− 0.0081 ** （− 3.1324）
GI	− 0.0449 ** （− 3.6964）	0.0005 （0.0634）	− 0.0376 ** （3.9683）
OS	0.0101 ** （3.3109）	0.0118 ** （3.9591）	0.0129 ** （4.9245）
Adjusted R^2	0.9207	0.6458	0.7066
F 值	53.6235	15.0420	38.0877

注：表内括号内数字为相应参数的 t 统计量，* 和 ** 分别表示在 5% 水平和 1% 水平上通过显著性检验。

3.3

京津冀能源强度与产业结构的关系分析

区域经济增长需要依靠要素投入的增加，而要素投入必须落实到产业当中才能产生效益，因此经济发展阶段的跃迁是通过产业结构的演进推动的。根据钱纳里对经济阶段特征的描述，在工业化初期，随着产业结构由以农业、轻工业为主向以基础重工业为主的转变，化工、冶金、电力等高耗能部门得到了迅速发展，导致能源消耗绝对量和能源消耗强度快速上升；到了工业化中期，工业重心由基础重工业向深加工工业转变，第三产业逐渐发展；虽然能源消耗绝对量仍在不断上升，但能源消耗强度的变化趋于平缓；工业化后期，第二产业比重不断下降，第三产业持续高速增长并占据支配地位，导致能源消耗强度呈现下降趋势。

通过拟合 1991～2015 年京津冀整体、京、津、冀能源强度（EI）曲线与产业结构演进系数（IS）曲线来反映京津冀产业结构演进与能源强度的关联关系，其中 $EI = E/Y$（E 为能源消费量，Y 为 GDP，1990 年不变价），$IS = \sum (IS_1/IS_1, IS_2/IS_1, IS_3/IS_1)$，（$IS_1$、$IS_2$ 和 IS_3 分别为第一产业产值、第二产业产值和第三产业产值），相关数据见附表所示。拟合结果如图 3–3 所示，自 1991 年以来，京津冀整体、京、津、冀能源强度随着产业结构的多元化发展呈下降趋势，能源强度与产业结构演进关系密切，因此有必要分析三次产业结构内部变动与能源强度的关系。

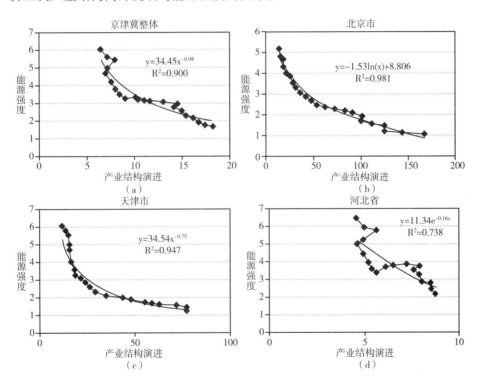

图 3–3　京津冀产业结构演进与能源强度的关联关系

3.3.1　京津冀产业结构对能源强度的影响分析

3.3.1.1　模型构建及数据收集

遵循科学性、数据可得性等原则，基于 1991～2015 年京津冀整体、京、津、冀等区域的相关数据拟合上述方程，1991～2014 年京、津、冀等区域的

GDP（1990 年不变价）、第一产业产值及比重、第二产业产值及比重、第三产业产值及比重、能源消费量等数据可分别通过历年《北京统计年鉴》《天津统计年鉴》《河北经济年鉴》等获得，2015 年的相关数据可通过《2016 年中国统计年鉴》获得，京津冀整体的相关数据可通过京、津、冀相应数据相加得到，各区域能源强度由相应区域的能源消费量与 GDP 的比值表示。1991 ~ 2015 年京津冀整体、京、津、冀等区域的 GDP（1990 年不变价）、第一产业产值及比重、第二产业产值及比重、第三产业产值及比重、能源消费量等数据如表 3 - 5 所示。

设 $i = 1, 2, 3, 4$ 分别代表京津冀整体、京、津、冀，则第 i 区域的能源强度为 ei_i，第 i 区域三次产业比重分别为 pp_i、sp_i、tp_i，根据以上分析，区域能源强度的变化除了受产业结构的影响外，还要考虑技术、管理等因素的影响，但这些因素无法精确量化，为确保分析模型的完整性以及有针对性地探讨三次产业比重变化对能源强度的贡献，本章用时间变量 t 反映技术、管理等因素的变化。鉴于能源强度与三次产业比重、技术、管理等因素间的非线性关系，建立模型如下：

$$ei_i = \theta pp_i^{\varphi_1} sp_i^{\varphi_2} tp_i^{\varphi_3} t^{\varphi_0} \qquad (3-3)$$

为便于估算相关系数，对模型（3 - 3）取对数处理，有：

$$\ln ei_i = \varphi_1 \ln pp_i + \varphi_2 \ln sp_i + \varphi_3 \ln tp_i + \varphi_0 \ln t + \ln\theta \qquad (3-4)$$

利用各自变量与因变量间的相关系数 r_{my} 反映各自变量对因变量的总影响，利用各自变量的标准化回归系数 p_{my} 反映各自变量对因变量的直接影响，由于各自变量间还存在着高度相关关系（r_{mn}），即各自变量间相互影响并对因变量产生间接影响，因此有：

$$r_{my} = p_{my} + \sum_{n=1}^{k} r_{mn} p_{ny} \qquad m = 1, 2 \cdots k, m \neq n \qquad (3-5)$$

3.3.1.2　实证分析

分别利用京津冀整体及京、津、冀等的相关数据对方程进行拟合时，首先分析能源强度、第一、二、三产业比重、时间等变量间的相关关系，如表 3 - 6 ~ 表 3 - 9 所示。各变量间的相关系数绝对数几乎均在 0.8 以上，且显著性水

表 3 - 5　1991～2015 年京、津、冀及京津冀整体的能源消费（万吨标煤）、1990 年不变价 GDP（亿元）、能源强度（吨标煤/万元）、产业结构（%）等数据

年份	京						津						冀						京津冀整体					
	能源消费	GDP	能源强度	产业结构			能源消费	GDP	能源强度	产业结构			能源消费	GDP	能源强度	产业结构			能源消费	GDP	能源强度	产业结构		
				第一产业	第二产业	第三产业				第一产业	第二产业	第三产业				第一产业	第二产业	第三产业				第一产业	第二产业	第三产业
1991	2872.0	550.4	5.22	7.6	48.5	43.9	1989.6	329.6	6.04	8.5	57.4	34.1	6471.9	994.9	6.50	22.1	42.9	35.0	11333.6	1874.9	6.04	15.5	47.0	37.5
1992	2987.5	612.6	4.88	6.9	48.6	44.5	2140.7	368.2	5.81	7.4	56.8	35.8	6866.3	1150.1	5.97	20.1	44.8	35.1	11994.5	2130.9	5.63	14.0	48.0	38.0
1993	3264.6	687.9	4.75	6.0	47.2	46.8	2292.7	412.7	5.56	6.6	57.2	36.2	7861.9	1353.7	5.81	17.8	50.2	32.0	13419.2	2454.3	5.47	12.5	50.5	36.9
1994	3385.9	782.2	4.33	5.8	45.1	49.1	2345.1	471.7	4.97	6.4	56.6	37.0	8168.6	1555.4	5.25	20.7	48.1	31.2	13899.6	2809.3	4.95	13.9	48.8	37.3
1995	3533.3	876.0	4.03	4.8	42.7	52.5	2568.8	542.0	4.74	6.5	55.7	37.8	8892.4	1771.6	5.02	22.2	46.4	31.4	14994.5	3189.7	4.70	14.5	47.0	38.6
1996	3734.5	954.9	3.91	4.1	39.8	56.1	2500.2	619.5	4.04	6.0	54.3	39.7	8938.5	2010.8	4.45	20.3	48.2	31.5	15173.2	3585.2	4.23	13.2	46.9	39.8
1997	3719.2	1051.3	3.54	3.6	37.5	58.9	2452.3	694.5	3.53	5.5	53.5	41.0	9033.0	2262.1	3.99	19.3	48.9	31.8	15204.6	4007.9	3.79	12.4	46.5	41.1
1998	3808.1	1151.2	3.31	3.2	35.3	61.5	2502.2	759.1	3.30	5.4	50.8	43.8	9151.1	2504.2	3.65	18.6	49.0	32.5	15461.5	4414.4	3.50	11.7	45.2	43.0
1999	3906.6	1276.7	3.06	2.8	33.8	63.4	2553.1	835.0	3.06	4.7	50.6	44.7	9379.3	2732.1	3.43	17.9	48.5	33.7	15838.9	4843.7	3.27	11.0	44.3	44.7
2000	4144.0	1427.3	2.90	2.4	32.6	65.0	2793.7	925.2	3.02	4.3	50.8	44.9	11195.7	2991.6	3.74	16.4	49.9	33.8	18133.4	5344.1	3.39	9.8	44.5	45.7
2001	4229.3	1594.3	2.65	2.1	30.7	67.2	2918.0	1036.2	2.82	4.1	50.0	45.9	12114.3	3251.9	3.73	16.6	48.9	34.6	19261.5	5882.4	3.27	9.6	43.0	47.4
2002	4436.1	1777.6	2.50	1.9	28.9	69.2	3022.2	1167.8	2.59	3.9	49.7	46.4	13404.5	3564.1	3.76	15.9	48.4	35.7	20862.8	6509.5	3.20	9.0	41.9	49.2
2003	4648.2	1975.0	2.35	1.6	29.6	68.8	3147.9	1340.6	2.35	3.5	51.9	44.6	15297.9	3977.5	3.85	15.4	49.4	35.3	23094.0	7293.1	3.17	8.5	43.0	48.5

续表

年份	京						津						冀						京津冀整体					
	能源消费	GDP	能源强度	第一产业	第二产业	第三产业	能源消费	GDP	能源强度	第一产业	第二产业	第三产业	能源消费	GDP	能源强度	第一产业	第二产业	第三产业	能源消费	GDP	能源强度	第一产业	第二产业	第三产业
2004	5139.6	2253.4	2.28	1.4	30.6	68.0	3566.5	1552.5	2.30	3.4	54.2	42.4	17347.8	4490.6	3.86	15.7	50.7	33.5	26053.9	8296.5	3.14	8.6	44.5	46.9
2005	5521.9	2526.1	2.19	1.2	28.9	69.9	3709.4	1783.8	2.08	2.9	54.6	42.5	19836.0	5092.3	3.90	14.0	52.7	33.4	29067.3	9402.2	3.09	7.7	45.1	47.2
2006	5904.1	2854.5	2.07	1.1	26.8	72.1	4099.6	2046.0	2.00	2.3	55.1	42.6	21794.1	5774.7	3.77	12.8	53.3	34.0	31797.8	10675.2	2.98	6.9	44.7	48.5
2007	6285.0	3268.4	1.92	1.0	25.3	73.7	4431.1	2363.1	1.88	2.1	55.1	42.8	23585.1	65:3.8	3.62	13.3	52.9	33.8	34301.2	12145.3	2.82	7.0	43.9	49.1
2008	6327.1	3565.8	1.77	1.0	23.3	75.7	4805.2	2753.0	1.75	1.8	55.2	43.0	24321.9	7171.7	3.39	12.7	54.3	33.0	35454.2	13490.6	2.63	6.7	44.3	49.0
2009	6570.3	3929.5	1.67	1.0	23.1	75.9	5242.6	3207.3	1.63	1.7	53.0	45.3	25418.8	7888.9	3.22	12.8	52.0	35.2	37231.6	15025.1	2.48	6.6	42.7	50.7
2010	6954.1	4334.3	1.60	0.9	23.6	75.5	6084.9	3765.3	1.62	1.6	52.4	46.0	26201.4	8851.4	2.96	12.6	52.5	34.9	39240.4	16951.0	2.31	6.5	43.2	50.4
2011	6995.4	4685.3	1.49	0.8	22.6	76.6	6781.4	4382.9	1.55	1.4	52.4	46.2	28075.0	9851.6	2.85	11.9	53.5	34.6	41851.8	18919.8	2.21	6.1	43.7	50.2
2012	7177.7	5046.1	1.42	0.8	22.2	77.0	7325.6	4987.1	1.47	1.3	51.7	47.0	28762.5	10797.3	2.66	12.0	52.7	35.3	43265.7	20831.1	2.08	6.1	42.9	50.9
2013	6723.9	5434.7	1.24	0.8	21.7	77.5	7881.8	5611.1	1.40	1.3	50.6	48.1	29664.4	11682.7	2.54	11.9	52.0	36.1	44270.1	22728.5	1.95	6.0	42.1	52.0
2014	6831.2	5831.4	1.17	0.7	21.4	77.9	8145.1	6172.3	1.32	1.3	49.4	49.3	29320.2	12442.1	2.36	11.7	51.0	37.3	44296.5	24445.1	1.81	5.7	41.1	53.2
2015	6850.7	6233.8	1.10	0.6	19.6	79.8	8247.1	6746.3	1.22	1.3	46.7	52.0	29422.9	13288.1	2.21	11.5	48.3	40.2	44520.7	26268.2	1.69	5.5	38.4	56.2

平低于 0.025，可见变量间呈现高度相关关系，利用一般的回归方法得出的结果没有经济意义。由于本章研究的重点在于三次产业比重对能源强度的相对贡献，因此为尽量保留所有变量，可牺牲部分精确度为代价，采用岭回归分析方法拟合方程。

岭回归是一种专用于共线性数据分析的有偏估计回归方法，实质上是一种改良的最小二乘估计法，通过放弃最小二乘法的无偏性，以损失部分信息、降低精度为代价获得回归系数更为符合实际、更可靠的回归方法，对病态数据的拟合要强于最小二乘法。

表 3 - 6　　　　　　　　　　　相关分析（$i = 1$）

		$\ln ei_1$	$\ln pp_1$	$\ln sp_1$	$\ln tp_1$	$\ln t$
皮尔逊相关系数	$\ln ei_1$	1.000	0.949	0.884	-0.958	-0.982
	$\ln pp_1$	0.949	1.000	0.806	-0.952	-0.985
	$\ln sp_1$	0.884	0.806	1.000	-0.930	-0.843
	$\ln tp_1$	-0.958	-0.952	-0.930	1.000	0.953
	$\ln t$	-0.982	-0.985	-0.843	0.953	1.000
显著性（单侧）	$\ln ei_1$	-	0.000	0.000	0.000	0.000
	$\ln pp_1$	0.000	-	0.000	0.000	0.000
	$\ln sp_1$	0.000	0.000	-	0.000	0.000
	$\ln tp_1$	0.000	0.000	0.000	-	0.000
	$\ln t$	0.000	0.000	0.000	0.000	-

表 3 - 7　　　　　　　　　　　相关分析（$i = 2$）

		$\ln ei_2$	$\ln pp_2$	$\ln sp_2$	$\ln tp_2$	$\ln t$
皮尔逊相关系数	$\ln ei_2$	1.000	0.984	0.988	-0.943	-0.999
	$\ln pp_2$	0.984	1.000	0.988	-0.970	-0.986
	$\ln sp_2$	0.988	0.988	1.000	-0.972	-0.988
	$\ln tp_2$	-0.943	-0.970	-0.972	1.000	0.942
	$\ln t$	-0.999	-0.986	-0.988	0.942	1.000
显著性（单侧）	$\ln ei_2$	-	0.000	0.000	0.000	0.000
	$\ln pp_2$	0.000	-	0.000	0.000	0.000
	$\ln sp_2$	0.000	0.000	-	0.000	0.000
	$\ln tp_2$	0.000	0.000	0.000	-	0.000
	$\ln t$	0.000	0.000	0.000	0.000	-

表3-8 相关分析（$i=3$）

		$\ln ei_3$	$\ln pp_3$	$\ln sp_3$	$\ln tp_3$	$\ln t$
皮尔逊相关系数	$\ln ei_3$	1.000	0.971	0.554	-0.876	-0.992
	$\ln pp_3$	0.971	1.000	0.436	-0.787	-0.989
	$\ln sp_3$	0.554	0.436	1.000	-0.878	-0.521
	$\ln tp_3$	-0.876	-0.787	-0.878	1.000	0.846
	$\ln t$	-0.992	-0.989	-0.521	0.846	1.000
显著性（单侧）	$\ln ei_3$		0.000	0.002	0.000	0.000
	$\ln pp_3$	0.000	—	0.017	0.000	0.000
	$\ln sp_3$	0.002	0.017	—	0.000	0.005
	$\ln tp_3$	0.000	0.000	0.000	—	0.000
	$\ln t$	0.000	0.000	0.005	0.000	—

表3-9 相关分析（$i=4$）

		$\ln ei_4$	$\ln pp_4$	$\ln sp_4$	$\ln tp_4$	$\ln t$
皮尔逊相关系数	$\ln ei_4$	1.000	0.856	-0.627	-0.625	-0.935
	$\ln pp_4$	0.856	1.000	-0.799	-0.636	-0.966
	$\ln sp_4$	-0.627	-0.799	1.000	0.057	0.731
	$\ln tp_4$	-0.625	-0.636	0.057	1.000	0.658
	$\ln t$	-0.935	-0.966	0.731	0.658	1.000
显著性（单侧）	$\ln ei_4$	—	0.000	0.000	0.000	0.000
	$\ln pp_4$	0.000	—	0.000	0.000	0.000
	$\ln sp_4$	0.000	0.000	—	0.013	0.000
	$\ln tp_4$	0.000	0.000	0.013	—	0.000
	$\ln t$	0.000	0.000	0.000	0.000	—

当 $i=1$ 时，利用SPSS16.0统计软件输出的各自变量的岭迹图以及决定系数 RSQ 的变化趋势图如图3-4和图3-5所示。

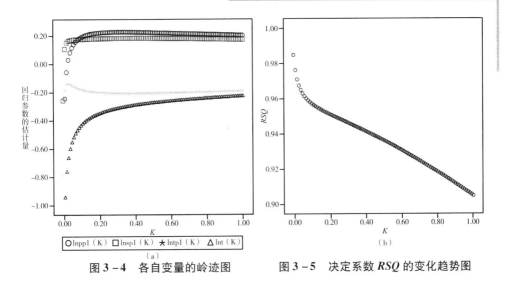

图 3 - 4　各自变量的岭迹图　　　图 3 - 5　决定系数 *RSQ* 的变化趋势图

当 *K* 取值 0. 15 时，各自变量的岭迹线开始趋于平稳，并且决定系数也开始呈现稳定的下降态势，据此得到的标准化回归方程为：

$$\ln ei'_1 = 0.213\ln pp'_1 + 0.188\ln sp'_1 - 0.199\ln tp'_1 - 0.389\ln t' \quad (3-6)$$

相应的岭回归方程为：

$$\ln ei_1 = 0.221\ln pp_1 + 1.125\ln sp_1 - 0.566\ln tp_1 - 35.457\ln t + 268.12$$
$$(6.062)\quad(3.923)\quad(-6.087)\quad(-9.955)\quad(9.837)$$
$$(3-7)$$

i = 2 时，取 *K* = 0.15，得到的标准化回归方程为：

$$\ln ei'_2 = 0.234\ln pp'_2 + 0.259\ln sp'_2 - 0.119\ln tp'_2 - 0.348\ln t' \quad (3-8)$$

相应的岭回归方程为：

$$\ln ei_2 = 0.137\ln pp_2 + 0.429\ln sp_2 - 0.299\ln tp_2 - 44.5\ln t + 338.887$$
$$(13.725)\quad(16.513)\quad(-4.365)\quad(-15.92)\quad(16.119)$$
$$(3-9)$$

i = 3 时，取 *K* = 0.1，得到的标准化回归方程为：

$$\ln ei'_3 = 0.337\ln pp'_3 - 0.043\ln sp'_3 - 0.278\ln tp'_3 - 0.405\ln t' \quad (3-10)$$

相应的岭回归方程为：

$$\ln ei_3 = 0.260 \ln pp_3 - 0.433 \ln sp_3 - 1.343 \ln tp_3 - 55.558 \ln t + 429.777$$
$$(14.113) \quad (-1.878) \quad (-9.979)(-19.744) \quad (19.806)$$

$$(3-11)$$

$i = 4$ 时，取 $K = 0.2$，得到的标准化回归方程为：

$$\ln ei'_4 = 0.152 \ln pp'_4 - 0.105 \ln sp'_4 - 0.157 \ln tp'_4 - 0.506 \ln t' \quad (3-12)$$

相应的岭回归方程为：

$$\ln ei_4 = 0.193 \ln pp_4 - 0.513 \ln sp_4 - 0.758 \ln tp_4 - 38.567 \ln t + 298.669$$
$$(3.516) \quad (-1.83) \quad (-2.243) \quad (-6.963) \quad (7.198)$$

$$(3-13)$$

以上方程的决定系数（RSQ）分别为 0.979、0.992、0.992、0.912，说明京津冀整体及京、津、冀的三次产业比重及时间变量能够较强地解释能源强度的变化，F 值分别为 116.75、312.829、286.425、24.601，各系数的 t 值见对应的括号内数值，F 值和 t 值均通过了 $\alpha = 1$ 的显著性检验 $[F_{0.1}(4, 19) = 2.27$、$t_{0.05}(19) = 1.729]$，可见方程的拟合效果较好，可以据此进一步分析三次产业比重对能源强度的影响机理。

根据公式（3-5），可得到三次产业比重、时间变量等对能源强度的具体影响，如表 3-10～表 3-13 所示。由于本章采用岭回归方法拟合方程放弃了部分精确度，因此会存在剩余影响。

（1）京津冀整体产业结构对能源强度的影响分析。

如表 3-10 所示，京津冀整体的第一产业比重、第二产业比重的增长将会推动能源强度的上升，而第三产业比重、技术、管理等的提高将会抑制能源强度的上升。因此，为进一步降低京津冀整体的能源强度，在提高第三产业比重的同时，重视产品的能源使用效率以及消费者的节能行为。

表 3-10 　　　　京津冀整体的产业结构对能源强度的影响分析

自变量	总影响	直接影响	间接影响					剩余影响
			$\ln pp_1$	$\ln sp_1$	$\ln tp_1$	$\ln t$	总间接	
$\ln pp_1$	0.949	0.213	—	0.152	0.190	0.383	0.725	0.011
$\ln sp_1$	0.884	0.188	0.172	—	0.185	0.328	0.685	0.011

自变量	总影响	直接影响	间接影响					剩余影响
			$\ln pp_1$	$\ln sp_1$	$\ln tp_1$	$\ln t$	总间接	
$\ln tp_1$	−0.958	−0.199	−0.203	−0.175	—	−0.371	−0.749	−0.01
$\ln t$	−0.982	−0.389	−0.21	−0.159	−0.19	—	−0.559	−0.034

京津冀整体的第一产业比重对能源强度的总影响效应约为0.949，但直接效应仅约为0.213，通过第二、第三产业比重以及技术、管理因素等对能源强度增长的间接推动效应约为0.725，尤其是通过技术、管理因素的间接效应约为0.383，明显高于直接效应，主要原因在于第一产业受自然因素的影响较大，限制了技术、管理等节能效应的发挥，京津冀整体的第一产业大多采取粗放型经营，生产效率低下，但由于第一产业的基础性地位，第二、第三产业对其依存度较大，受第一产业的制约明显。因此，在保障第一产业基础性地位的基础上，通过农业技术进步提高生产效率，降低第一产业比重，促进集约型农业和绿色农业的发展，推动农业产业化。

京津冀整体的第二产业比重对能源强度的总影响效应约为0.884，起主要推动效应；其中，直接推动效应约为0.188，而通过第一、第三产业比重以及技术、管理因素等产生的间接推动效应约为0.685；主要原因在于，河北省的工业化进程较京、津有明显滞后，重化工业特征明显，第二产业中高耗能行业比重过大，能源利用效率低下，并通过向第一、第三产业提供机器设备等途径间接推动了能源强度的上升。因此，应利用高新技术改造传统行业，压缩河北省高耗能行业比重，加快工业化进程，走新型工业化道路。

京津冀整体的第三产业比重对能源强度的总影响效应约为0.958，起主要抑制作用，但直接抑制效应仅约为0.199，通过第一、第二产业比重以及技术、管理因素等对能源强度增长的间接抑制效应约为0.749，远远高于直接效应。第三产业对能源的需求较低，能源强度较低，现代服务业、信息产业、知识产业的迅猛发展对新技术的需求旺盛，并会反作用于第一、第二产业。

（2）北京市产业结构对能源强度的影响分析。

由表3-11可知，北京市第一、二产业比重上升是能源强度增长的主要推动因素，总影响效应分别约为0.984、0.988，但通过其他因素对能源强度的间接影响效应（分别约为0.715、0.691）明显高于直接影响效应（分别约为

0.234、0.259），而第三产业比重和管理、技术水平等的提升是能源强度增长的主要抑制因素，总影响效应分别约为 0.943、0.999，但对能源强度的直接影响效应分别约为 0.119、0.348，明显低于通过其他因素对能源强度的间接影响效应（分别约为 0.807、0.599）。可见，北京市三次产业间相互影响、相互制约，第一产业受自然因素的限制，技术进步缓慢，通过向第二、第三产业提供需求间接推动了能源强度的增长；2008 年以前，北京市第二产业能源消费量一直高于第一、第三产业，节能技术落后，并通过向第一、第三产业提供需求间接推动了能源强度的增长；第三产业的技术密集型特性通过刺激第一、第二产业的需求促进能源强度的降低。

表 3-11 北京市产业结构对能源强度的影响分析

自变量	总影响	直接影响	间接影响					剩余影响
			$lnpp_2$	$lnsp_2$	$lntp_2$	lnt	总间接	
$lnpp_2$	0.984	0.234	—	0.256	0.116	0.343	0.715	−0.035
$lnsp_2$	0.988	0.259	0.231		0.116	0.344	0.691	−0.038
$lntp_2$	−0.943	−0.119	−0.227	−0.252		−0.328	−0.807	−0.017
lnt	−0.999	−0.348	−0.231	−0.256	−0.112		−0.599	−0.052

自 2009 年以来，北京市第一产业比重已降至 1% 以下，2015 年仅为 0.6%；自 2004 年来，北京市第二产业比重呈逐年下降趋势，2015 年已降至 19.6%；2005 年以来，北京市第三产业比重已稳定在 70% 以上，2015 年达到 79.8%。参考发达国家产业结构演变特征，降低第一产业比重或第二产业比重对降低北京市能源强度的贡献潜力微弱，因此短期内可通过降低第二产业比重，提高第三产业比重降低北京市能源强度，但长期内应通过技术节能和管理节能，坚持三产提级增效发展、二产智能精细发展、一产集约优化发展，构建起"高精尖"的产业体系。

（3）天津市产业结构对能源强度的影响分析。

如表 3-12 所示，天津市的第一、第二产业比重的提升不利于能源强度的降低，总影响效应分别约为 0.971、0.554，其中第一产业比重对能源强度的直接和间接影响效应分别约为 0.337、0.602，由于天津市第二产业比重变化较小，因此对能源强度的直接影响微弱，主要通过其他因素产生间接影响（影响效应约为 0.602）；天津市的第三产业比重和技术、管理水平的提升促进了能源强度的降低，总影响效应分别约为 0.876、0.992。1991 年以来，天津市第二产业比重变动较小，基本稳定在 50% 以上，第三产业和第一产业发展水平滞后于第二产业。

表 3 - 12　　　　　　天津市产业结构对能源强度的影响分析

自变量	总影响	直接影响	间接影响					剩余影响
			$\ln pp_3$	$\ln sp_3$	$\ln tp_3$	$\ln t$	总间接	
$\ln pp_3$	0.971	0.337	—	- 0.018	0.219	0.401	0.602	0.032
$\ln sp_3$	0.554	- 0.043	0.147	—	0.244	0.211	0.602	- 0.005
$\ln tp_3$	- 0.876	- 0.278	- 0.265	0.038	—	- 0.343	- 0.57	- 0.028
$\ln t$	- 0.992	- 0.405	- 0.333	0.022	- 0.235	—	- 0.546	- 0.041

天津市目前处于工业化后期向后工业化社会过渡的阶段，第一产业比重不断下降，2015 年已降至 1.3%，2009 年以来第二产业比重逐渐缩小，同时第三产业快速发展，2015 年第三产业比重已达到 52.2%，比第二产业比重高出5.7 个百分点。因此，短期内可通过降低第一产业比重，提高第三产业比重降低天津市能源强度；根据《京津冀协同发展规划纲要》，天津第二产业实力雄厚，未来适合发展高端工业，因此长期内应优化工业内部结构，重点发展先进制造业。

（4）河北省产业结构对能源强度的影响分析。

如表 3 - 13 所示，对河北省能源强度增长起主要推动作用的是第一产业比重，总影响效应约为 0.856，其中直接和间接影响效应分别为 0.152、0.673；河北省能源强度增长的主要抑制因素包括第二、第三产业比重、技术、管理因素等，总影响效应分别约为 0.627、0.625、0.935，直接影响效应分别为0.105、0.157、0.506，间接影响效应分别为 0.501、0.436、0.327。由于河北省工业化进程缓慢，2012 年以前很长一段时期内处于工业化中期阶段，第二产业的规模经济效益明显，随着第二产业比重的上升，河北省整体的能源强度呈下降趋势；第三产业缓慢发展，第三产业比重变化对能源强度的总影响、直接影响以及通过第一、第二产业的间接影响均不显著。

表 3-13　　　　　　　　河北省产业结构对能源强度的影响分析

| 自变量 | 总影响 | 直接影响 | 间接影响 | | | | | 剩余影响 |
			$\ln pp_4$	$\ln sp_4$	$\ln tp_4$	$\ln t$	总间接	
$\ln pp_4$	0.856	0.152	—	0.084	0.1	0.489	0.673	0.031
$\ln sp_4$	−0.627	−0.105	−0.122	—	−0.009	−0.37	−0.501	−0.021
$\ln tp_4$	−0.625	−0.157	−0.097	−0.006	—	−0.333	−0.436	−0.032
$\ln t$	−0.935	−0.506	−0.147	−0.077	−0.103	—	−0.327	−0.102

河北省刚刚步入工业化后期阶段，第二产业比重仍居第一位，虽然有下降趋势，但仍稳定在50%以上，2015年开始降至48.3%，第三产业开始快速发展，与第二产业存在较大差距，第一产业比重在11%以上。因此，短期内可通过降低第一产业比重，提高第三产业比重降低河北省能源强度，但长期内应加快工业化进程，推动基础性重化工业向深加工工业演进，发展高新技术产业，进而降低第二产业比重，快速发展第三产业，是进一步降低河北省能源强度的关键。

3.3.2　京津冀产业结构对 GDP 的影响分析

我国仍然是发展中国家，经济发展是第一要务，因此本章对京津冀三次产业比重与能源强度间内在关系的探讨以不影响 GDP 为前提，因此有必要分析三次产业比重对 GDP 的贡献。

根据结构主义学派的观点，经济增长依赖资本和劳动等要素投入，资本和劳动从生产率较低的部门向生产率较高的部门转移能够加速经济增长，产业结构的高变换率会导致经济总量的高增长率。参考范德成、张伟（2013）建立的考虑产业结构影响的柯布—道格拉斯生产函数，以及王修华、王翔（2012）对产业结构与 GDP 间定量关系的描述，在此用时间变量 t 反映资本、劳动、技术等因素的变化，建立模型如下：

$$y_i = \theta' pp_i^{\varphi'_1} sp_i^{\varphi'_2} tp_i^{\varphi'_3} t^{\varphi'_0} \tag{3-14}$$

为便于估算相关系数，对模型取对数处理，有：

$$\ln y_i = \varphi'_1 \ln pp_i + \varphi'_2 \ln sp_i + \varphi'_3 \ln tp_i + \varphi'_0 \ln t + \ln \theta' \tag{3-15}$$

通过计算京津冀整体的 GDP、第一、第二、第三产业比重、时间等变量间的相关系数，发现变量间呈现高度相关关系。

利用 SPSS16.0 统计软件输出的各自变量的岭迹图以及决定系数 RSQ 的变化趋势图如图 3 - 6 和图 3 - 7 所示。当 K 取值 0.2 时，各自变量的岭迹线开始趋于平稳，并且决定系数也开始呈现稳定的下降态势，据此得到的标准化回归方程为：

$$\ln y_1' = -0.315\ln pp_1' - 0.07\ln sp_1' + 0.185\ln tp_1' + 0.377\ln t' \quad (3-16)$$

相应的岭回归方程为

$$\ln y_1 = -0.762\ln pp_1 - 0.972\ln sp_1 + 1.22\ln tp_1 + 83.967\ln t - 628.735$$
$$(-13.985)\quad(-2.231)\quad(9.439)\quad(16.463)\quad(-16.063)$$
$$(3-17)$$

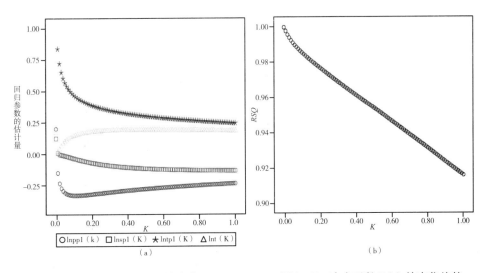

图 3 - 6　各自变量的岭迹图　　　　图 3 - 7　决定系数 **RSQ** 的变化趋势

同样的方法，可分别得到京、津、冀产业结构对 GDP 影响的岭回归方程：

$$\ln y_2 = -0.25\ln pp_2 - 0.666\ln sp_2 + 0.505\ln tp_2 + 69.912\ln t - 523.584 \quad (K = 0.15)$$
$$(-17.535)\ (-17.989)\ (5.174)\quad(17.542)\quad(-17.467)$$
$$(3-18)$$

$$\ln y_3 = -0.63\ln pp_3 + 0.544\ln sp_3 + 1.264\ln tp_3 + 109.728\ln t - 833.109 \quad (K = 0.1)$$
$$(-28.572) \quad (1.75) \quad (7.837) \quad (32.529) \quad (-32.027)$$

$$(3 - 19)$$

$$\ln y_4 = -0.87\ln pp_4 + 2.465\ln sp_4 + 1.6\ln tp_4 + 104.337\ln t - 797.806 \quad (K = 0.15)$$
$$(-12.495) \quad (6.548) \quad (4.028) \quad (14.337) \quad (-14.679)$$

$$(3 - 20)$$

方程（3 - 18）和方程（3 - 20）的 F 值和 t 值均通过了 $\alpha = 0.05$ 的显著性检验，方程（3 - 19）的 F 值通过了 $\alpha = 0.05$ 的显著性检验，t 值也通过了 $\alpha = 1$ 的显著性检验，可见方程的拟合效果较好，可以据此进一步分析三次产业比重对 GDP 的影响。

3.3.3 基于能源强度和经济增长目标的京津冀产业结构优化

3.3.3.1 基于能源强度和经济增长目标的北京市产业结构优化

根据《北京市国民经济和社会发展第十三个五年规划纲要》确定的目标：2020 年地区生产总值比 2010 年翻一番（以 1990 年不变价 2020 年约为 8668.54 亿元）；服务业增加值占地区生产总值比重高于 80%。根据《北京市"十三五"时期节能降耗及应对气候变化规划》，2020 年北京市能源强度要比 2015 年下降 17%，即约为 0.9121 吨标煤/万元（1990 年不变价）。

假定 GDP 增长目标主要通过降低第二产业比重，提高第三产业比重的方式实现，根据方程（3 - 18），2020 年三次产业比重之比约为 0.6：15.1：84.3，代入方程（3 - 9），可得到 2020 年能源强度约为 0.9732 吨标煤/万元，比 2015 年下降了约 11.45%，产业结构优化完成了能源强度目标的 67.35%。

假定北京市以完成能源强度目标为前提，且在 2015 年产业结构（0.6：19.7：79.7）的基础上通过进一步降低第二产业比重，提高第三产业比重的方式实现，根据方程（3 - 9），2020 年三次产业比重之比约为 0.6：13.18：86.22，代入方程（3 - 18），可得到 2020 年 GDP 约为 9575.545 亿元（1990 年不变价），比 2010 年增长了约 120.93%，超额完成了增长目标。

3.3.3.2　基于能源强度和经济增长目标的天津市产业结构优化

根据《天津市国民经济和社会发展第十三个五年规划纲要》，到 2020 年天津市 GDP 约为 10144.09 亿元（1990 年不变价），第三产业比重超过 55%；根据《天津市节能"十三五"规划》，到 2020 年，天津市能源强度应低于 1.014 吨标煤/万元（1990 年不变价）。2015 年天津市三次产业比重之比约为 1.3∶46.5∶52.2，假定 GDP 增长目标主要通过降低第一、第二产业比重，提高第三产业比重的方式实现；参照北京市产业结构状态，假定 2020 年第一产业比重降至 0.6%，根据方程（3-11）和方程（3-19），2020 年三次产业比重之比约为 0.6∶44.4∶55，GDP 约为 12903.66 亿元（1990 年不变价），能源强度约为 0.7994 吨标煤/万元，超额完成目标。

结合产业结构调整方向，根据方程（3-11）和方程（3-19），只要第三产业比重提高至 55% 以上，即使不降低第一产业比重，只降低第二产业比重，即三次产业结构比重之比为 1.3∶43.7∶55，2020 年能源强度也会降至约 0.9842 吨标煤/万元，超额完成节能目标；但 GDP 约为 7859.765 亿元，没有完成经济增长目标；假定 GDP 刚好达到 10144.09 亿元，三次产业结构之比约为 0.87∶44.13∶55，能源强度约为 0.8828 吨标煤/万元。

3.3.3.3　基于能源强度和经济增长目标的河北省产业结构优化

根据《河北省国民经济和社会发展第十三个五年规划纲要》，到 2020 年河北省 GDP 约为 18637.29 亿元（1990 年不变价），第三产业比重达到 45% 以上且主导作用明显增强；但并没有确定能源强度的具体量化目标，根据京津冀协同发展指导思想，结合《"十三五"节能减排综合工作方案》，假定到 2020 年河北省能源强度比 2015 年下降 17%，即约为 1.8378 吨标煤/万元（1990 年不变价）。

假定河北省 GDP 增长目标主要通过降低第一、第二产业比重，提高第三产业比重的方式实现。基于工业化后期特征，结合河北省在京津冀协同发展中的定位，第二产业比重降低幅度不会过大，第三产业比重不会过高，假定第三产业比重提高至 46%，根据方程（3-13）和方程（3-20），2020 年河北省三次产业比重之比约为 9.3∶44.7∶46，能源强度约为 2.0547 吨标煤/万元，较 2015 年下降约 7.21%，完成了能源强度目标的 42.41%。

假定河北省以完成能源强度目标为前提，且仍然通过提高第三产业比重，降低第一、第二产业比重的方式实现，根据方程（3-13）和方程（3-20），2020年三次产业比重之比约为6.3∶46.8∶46.9，GDP约为30430.47亿元（1990年不变价），比2015年增长了约129%，超额完成了增长目标。

3.3.3.4 基于能源强度和经济增长目标的京津冀整体的产业结构优化

基于以上对节能和经济增长目标下京、津、冀产业结构优化的分析，根据各区域设定的GDP增长目标和产业结构调整方向，2020年京津冀整体的GDP约为40209.49亿元（1990年不变价），较2010年和2015年分别增长了约137.21%、53.07%，三次产业结构比重之比约为4.63∶38.22∶57.15，代入方程（3-7），可知2020年京津冀整体的能源强度约为1.5062吨标煤/万元，较2010年和2015年分别下降约11.13%、34.93%，但北京市和河北省并没有完成"十三五"节能目标。

根据各区域设定的节能目标和产业结构调整方向，2020年京津冀整体的GDP约为47865.78亿元（1990年不变价），较2010年和2015年分别增长了约182.38%、82.22%，三次产业结构比重之比约为4.27∶39.63∶56.1，代入方程（3-7），可知2020年京津冀整体的能源强度约为1.5573吨标煤/万元，较2010年和2015年分别下降约32.73%、8.12%。节能目标下，虽然京、津、冀均超额完成了节能任务，但天津市并没有完成"十三五"经济增长目标。

综合各区域设定的节能目标、经济增长目标和产业结构调整方向，为保障京、津、冀均能同时实现"十三五"节能目标和经济增长目标，2020年京津冀整体的GDP约为50150.11亿元（1990年不变价），较2010年和2015年分别增长了约195.85%、90.92%，三次产业结构比重之比约为4.11∶39.84∶56.05，代入方程（3-7），可知2020年京津冀整体的能源强度约为1.5542吨标煤/万元，较2010年和2015年分别下降约32.86%、8.3%。

综上所述，基于能源强度和经济增长目标的京、津、冀及京津冀整体的产业结构优化结果如表3-14所示。

表 3 - 14　　　基于能源强度和经济增长目标的京津冀产业结构优化结果　　　单位:%

	经济增长目标			节能目标			节能和经济增长目标		
	第一产业	第二产业	第三产业	第一产业	第二产业	第三产业	第一产业	第二产业	第三产业
京	0.60	15.10	84.30	0.60	13.18	86.22	0.60	13.18	86.22
津	0.60	44.40	55.00	1.30	43.70	55.00	0.87	44.13	55.00
冀	9.30	44.70	46.00	6.30	46.80	46.90	6.30	46.80	46.90
整体	4.63	38.22	57.15	4.27	39.63	56.10	4.11	39.84	56.05

第 4 章

京津冀工业能源强度的影响
因素及其效应研究

由以上分析可知，降低工业部门能源强度是降低京津冀能源强度的关键，但京津冀三地的工业能源强度存在较大差异。因此，有必要找出工业能源强度的主要影响因素，并分别提炼各因素对京、津、冀工业能源强度的影响路径，明确工业降耗措施的地区差异。

4.1

京津冀工业能源强度的空间相关性分析

基于数据可得性，本章同样利用 Geoda 软件通过探索性空间数据分析方法分别计算 2007~2016 年京津冀地区 13 个市工业能源强度的全局莫兰（Moran）指数和局部莫兰（Moran）指数来探测 13 个市工业能源强度的空间关联性和集聚现象。2007~2016 年北京市、天津市、保定市、沧州市、承德市、邯郸市、衡水市、廊坊市、秦皇岛市、唐山市、石家庄市、邢台市、张家口市等 13 个市工业能源强度（2005 年不变价）见表 2-4、表 2-12 和表 2-19 所示。

4.1.1 全局空间相关性检验

利用 Geoda 软件计算的 2007~2016 年京津冀地区 13 个市工业能源强度的全局莫兰（Moran）指数如表 4-1 所示。2007~2016 年京津冀工业能源强度的全局 Moran 指数均为正数，其中 2007~2011 年全局 Moran 指数波动频繁，且 p 值均大于 0.05，仅通过 10% 显著性检验；2012 年以来全局 Moran 指数呈现较稳定的上升趋势，且 p 值均低于 0.05，均通过了 5% 显著性检验。由此可见，2007 年以来，京津冀工业能源强度均呈正的自相关性，即工业能源强度较高的市与工业能源强度较高的市相邻，工业能源强度较低的市与工业能源强度较低的市相邻，表现出一定的空间聚集性，且空间自相关性趋于显著。

表 4 – 1　　　　2007～2016 年京津冀工业能源强度的全局 Moran 指数

年份	Moran's I	平均值	标准差 S. d	p 值
2007	0. 2290	– 0. 0716	0. 1856	0. 056
2008	0. 2088	– 0. 0722	0. 1853	0. 076
2009	0. 2202	– 0. 0717	0. 1867	0. 06
2010	0. 2133	– 0. 0719	0. 1867	0. 07
2011	0. 1997	– 0. 0729	0. 1860	0. 082
2012	0. 2932	– 0. 0693	0. 1913	0. 04
2013	0. 2741	– 0. 07	0. 1902	0. 041
2014	0. 2838	– 0. 0702	0. 1910	0. 041
2015	0. 3090	– 0. 0698	0. 1915	0. 033
2016	0. 3158	– 0. 0699	0. 1921	0. 031

4.1.2　局部空间相关性检验

4.1.2.1　Moran 散点图分析

Moran 散点图利用横轴表示各市工业能源强度标准化值，纵轴表示各市与邻近市工业能源强度标准化值的加权值，依此反映各市与邻近市间工业能源强度的空间相关性。2007～2016 年京津冀工业能源强度 Moran 散点图及市域分布变化如图 4 – 1 和表 4 – 2 所示。Moran 散点图进一步支持了全局空间相关性检验结论，2007～2016 年分布在第一（高—高）、第三（低—低）象限的市占绝大多数，且有逐步增加的趋势，2007～2010 和 2012 年共有 10 个市分布在第一、第三象限，占比约为 76.92%，2011 年共有 11 个市，占比约为 84.62%，2013～2016 年除张家口外，其他均分布在第一、第三象限。

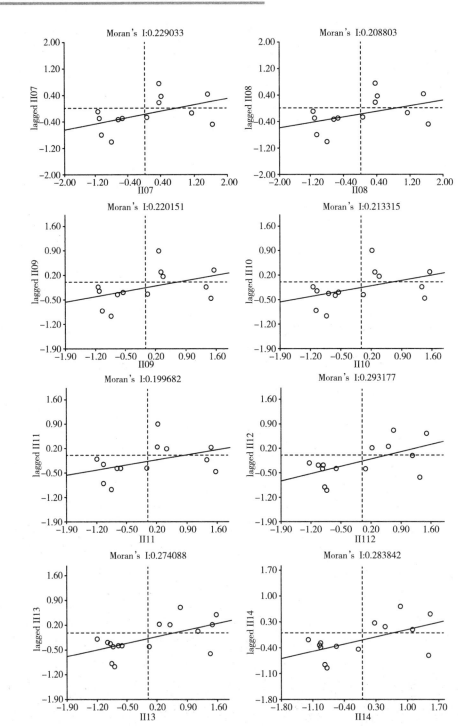

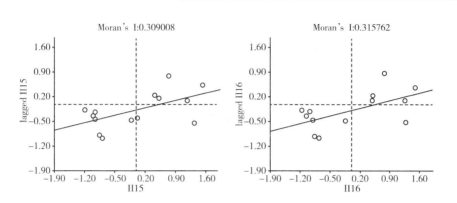

图 4 - 1　2007～2016 年京津冀工业能源强度 Moran 散点图

可见京津冀内部绝大多数市的工业能源强度呈现正的空间相关性且稳定性较强，2007 年以来，唐山从第四象限进入第一象限，即从高值被低值包围变为被高值包围，由表 4 - 2 可知唐山市工业能源强度呈下降趋势，且下降速度快于周围各市，但相对于其他市仍然较高；石家庄从第四象限进入第三象限，即从高值被低值包围变为低值被低值包围，可见近年来石家庄工业降耗成果显著；其他各市与邻近市的空间相关性特征保持不变，邢台、承德、邯郸、秦皇岛等始终处于第一象限，即高值被高值包围，北京、天津、保定、廊坊、沧州、衡水等始终处于第三象限，即低值被低值包围。京津冀工业能源强度市域的空间聚集性显著，南部和西北部市域属于高值聚集区，中部市域属于低值聚集区，也从侧面说明京、津经济发展的辐射区域主要是南部邻近市域，其他市靠自身的产业结构升级速度缓慢。

表 4 - 2　2007～2016 年京津冀工业能源强度 Moran 散点图市域分布变化

年份	第一象限（高—高）	第二象限（低—高）	第三象限（低—低）	第四象限（高—低）
2007～2010、2012	邢台、承德、邯郸、秦皇岛	无	北京、天津、保定、廊坊、沧州、衡水	石家庄、唐山、张家口
2011	邢台、承德、邯郸、秦皇岛	无	北京、天津、保定、廊坊、沧州、衡水、石家庄	唐山、张家口
2013～2016	邢台、承德、邯郸、秦皇岛、唐山	无	北京、天津、保定、廊坊、沧州、衡水、石家庄	张家口

4.1.2.2 LISA 集聚图分析

2007～2016 年京津冀工业能源强度市域的局部空间相关性及集聚特征的显著性较弱，结合 Moran 散点图，2007 年和 2008 年，只有处于第三象限（低—低）的沧州和廊坊的工业能源强度空间相关性较显著，其他象限各市与邻近市的工业能源强度空间相关性不显著；2009～2016 年，工业能源强度的低值集聚显著区较 2007 和 2008 年增加了保定市。可见，保定、廊坊和沧州形成了京津冀区域较稳定的工业能源强度低值集聚显著区，而其他市域间工业能源强度的集聚现象不显著。

4.2

京津冀工业能源强度与其影响因素的计量分析

4.2.1 京津冀工业能源强度的影响因素分析

综上所述，京津冀市域间工业能源强度表现出一定的空间相关性，且有逐步增强的趋势，但还没有形成较显著的集聚现象。因此在分析京津冀工业能源强度影响因素及其影响效应时暂不考虑空间相关性。

研究工业能源强度影响因素的文献较多，归纳起来主要包括：

（1）工业结构。工业结构有很多种类型，但在分析能源消费方面主要考虑轻工业与重工业间的比例关系。轻工业以投资少、见效快为主要特征，是以农产品为主要原料的劳动密集型行业，能源消耗量较少。按照产业结构的一般演进规律，重工业可分为基础重工业、低度加工型重工业、高度加工型重工业，其中工业化中期阶段主要以基础重工业和低度加工型重工业为主导产业，以较高的资源投入换取较低产出，能源强度较高；工业化后期阶段主要以高度加工型重工业为主导产业，较高的附加值使得能源强度不断降低。

（2）技术进步。根据希克斯技术进步分类的思想，技术进步根据要素稀缺度不同可分为劳动节约型、资本节约型和能源节约型。在当前强调循环经济、低碳经济、绿色经济等可持续发展模式的背景下，能源节约型技术成为主导。Shahbaz 等（2016）、Appiah（2018）等的研究结果显示，能源消费和经济增长之间存在反馈效应，因此任何和能源效率及技术进步无关的能源节约型的政策都可能会损害经济，更多的努力应该是通过技术进步来提高能源效率。

（3）能源消费结构。京津冀地区工业发展中对煤炭的消耗量较大，而已有研究表明，煤炭消费的低效率带动了能源消费总量的快速增加，导致能源强度居高不下，而且煤炭消费比例与能源效率间存在显著的负相关关系。

（4）投资结构。投资结构的变化受工业化进程的影响较大，一般来说，工业化需要大量的投资，兴办基础设施和工业项目，因此在工业化过程中工业投资所占比重较高，投资的高速增长拉动了对高耗能产品的需求，导致钢铁、水泥、电解铝、石化等高耗能产业迅速扩张。而随着工业化的实现，基础设施较为完善，且逐渐从工业转到服务业，工业投资所占比重会逐渐下降，能源强度也随之下降。

（5）能源价格。根据经济学知识，在市场经济中价格调节供需，能源价格上涨必然增加生产成本，从而促使企业变革工艺降低对能源的依赖或提高能源效率，进而有效降低工业部门的能源强度，能源价格是促进中国能源效率改进的主要因素。

（6）经济发展水平。经济发展通常会导致能源消耗的增加，进而导致污染物的增加，环境库兹涅茨曲线通常用来描述污染物随经济发展水平的变动情况，由于化石能源消费会产生大量的污染物，因此近年来有很多学者利用能源消费替换污染物提出"能源库兹涅茨曲线"，并在不同收入国家得到了验证，虽然具体的结论不同，但均证实了经济发展对能源消费的依赖关系。

4.2.2　模型构建与数据处理

为进一步探讨工业结构、技术进步、能源消费结构、投资结构、能源价格、经济发展水平等因素对京津冀工业能源强度的影响，建立各因素与工业能源强度的数量关系如下：

$$II_i = \alpha_{i1}IS + \alpha_{i2}TP + \alpha_{i3}ES + \alpha_{i4}FIS + \alpha_{i5}EP + \alpha_{i6}PGDP + \delta \qquad (4-1)$$

其中，$i = 1, 2, 3$ 分别表示京、津、冀，II、IS、TP、ES、FIS、EP、

PGDP 分别表示工业能源强度、工业结构、技术进步、能源消费结构、投资结构、能源价格、经济发展水平等，α_{ij}（$j = 1, 2 \cdots 6$）分别表示各自变量的系数，反映了各影响因素对工业能源强度的影响大小，δ 表示随机误差项，反映了除以上影响因素外，其他因素对工业能源强度的影响。

为消除各变量间的异方差性，采用各变量的对数形式进行表达，即：

$$\ln II_i = \alpha_{i1}\ln IS + \alpha_{i2}\ln TP + \alpha_{i3}\ln ES + \alpha_{i4}\ln FIS + \alpha_{i5}\ln EP + \alpha_{i6}\ln PGDP + \delta$$

$$(4-2)$$

截至目前，《中国能源统计年鉴 2017》还未发布，无法获取 2016 年京、津、冀工业原煤消费量，因此基于科学性、数据可获性等原则，在此利用 2000～2015 年京、津、冀时间序列数据估计以上未知参数。

（1）工业能源强度。工业能源强度，即单位工业增加值的能源消费，工业能源强度 = 工业能源消费/工业增加值，2000～2015 年京、津、冀工业能源消费和工业增加值数据可分别通过《北京统计年鉴 2017》《天津统计年鉴 2017》和《河北经济年鉴 2017》获取，为剔除价格变动的影响，工业增加值以 2000 年不变价进行折算。

（2）工业结构。工业部门可分为轻工业和重工业，其中重工业的能源消费较大，利用规模以上重工业增加值占规模以上工业增加值的比重反映工业结构的变化。2000～2015 年北京市规模以上工业增加值、重工业增加值等可通过《北京统计年鉴 2017》获取；由于天津市没有统计工业分行业工业增加值情况，考虑到工业结构属于相对指标，因此采用规模以上重工业总产值占工业总产值比重加以反映，2000～2015 年天津市规模以上工业总产值、重工业总产值等可通过《天津统计年鉴 2017》获取；2010～2015 年河北省规模以上工业增加值、重工业增加值等可通过《河北经济年鉴 2017》获取，《河北经济年鉴 2010》统计了 2009 年河北省规模以上工业增加值、重工业总产值、重工业工业增加值率，根据工业增加值率 = 工业增加值/工业总产值可得到 2009 年重工业工业增加值，2001～2009 年《河北经济年鉴》统计了 2000～2008年分行业全部国有及年产品销售收入 500 万元以上非国有工业企业的工业增加值，但并没有直接给出重工业增加值，因此需根据轻重工业的分类进行加总。

（3）技术进步。采用工业部门全员劳动生产率反映工业技术进步情况。

工业部门全员劳动生产率利用工业部门从业人数与工业增加值的比值表示。分别通过历年《天津统计年鉴》和《河北经济年鉴》汇总采矿业、制造业、电力、热力、燃气及水生产和供应业从业人员可得到 2000～2015 年天津市和河北省工业从业人数，相应的工业增加值也可直接获取；《北京统计年鉴》没有统计分行业从业人数，但给出了规模以上工业企业从业人数和工业增加值，因此利用规模以上工业企业全员劳动生产率反映北京市工业技术进步情况。以上工业增加值均以 2000 年不变价进行折算。

（4）能源消费结构。采用工业原煤消费量占工业能源消费量的比重反映工业能源消费结构的变动情况。2000～2015 年京、津、冀工业原煤消费量可通过 2001～2016 年《中国能源统计年鉴》获取，但由于原煤消费量为实物量，需通过折标煤系数（0.7143kgce/kg）折算成标准煤；2000～2015 年京、津、冀工业能源消费量可分别通过历年《北京统计年鉴》《天津统计年鉴》和《河北经济年鉴》获取。

（5）投资结构。采用工业部门全社会固定资产投资占全社会固定资产投资的比重反映投资结构情况。2000～2015 年京、津、冀全社会固定资产投资总额以及采矿业、制造业、电力、热力、燃气及水生产和供应业等分行业全社会固定资产投资额可通过历年《中国固定资产投资统计年鉴》直接获取。

（6）能源价格。由于工业生产者购进能源主要用于燃料、动力，因此采用工业生产者购进燃料、动力价格指数反映能源价格的变动。2000～2015 年京、津、冀工业生产者购进燃料、动力类价格指数可分别通过历年《北京统计年鉴》《天津统计年鉴》《河北经济年鉴》获取，并以 2000 年不变价进行折算。

（7）经济发展水平。采用人均 GDP 反映经济发展水平的变动情况。2000～2015 年京、津、冀人均 GDP 数据可分别通过《北京统计年鉴 2017》《天津统计年鉴 2017》和《河北经济年鉴 2017》获取，为剔除价格变动的影响，人均 GDP 以 2000 年不变价进行折算。

综上，2000～2015 年京、津、冀工业能源强度、工业结构、技术进步、能源消费结构、投资结构、能源价格、经济发展水平等数据如表 4-3～表 4-5 所示。

表4-3　　　2000~2015年北京市工业能源强度及其影响因素等数据

年份	能源强度（吨标准煤/万元）	工业结构（%）	技术进步（万元/人）	能源消费结构（%）	投资结构（%）	能源价格	人均GDP（万元/人）
2000	2.76	68.42	5.33	20.71	11.41	100.00	2.45
2001	2.44	69.38	7.89	22.92	8.98	101.70	2.61
2002	2.29	68.09	8.57	18.98	9.17	104.04	2.86
2003	2.09	74.05	10.25	17.56	11.33	114.03	3.10
2004	1.88	78.19	10.87	16.66	12.59	136.83	3.46
2005	1.50	79.09	11.70	20.12	13.56	160.23	3.78
2006	1.40	79.89	12.81	21.42	10.62	181.16	4.12
2007	1.25	80.20	14.22	21.02	12.04	190.31	4.51
2008	1.12	76.33	13.78	18.52	9.89	251.77	4.67
2009	1.01	76.80	15.37	18.82	8.36	214.26	4.89
2010	0.94	79.76	17.12	16.04	9.51	259.90	5.12
2011	0.79	78.64	19.42	15.68	12.72	306.16	5.32
2012	0.71	77.54	20.46	14.64	10.95	303.10	5.60
2013	0.67	78.16	22.79	10.37	10.61	292.19	5.89
2014	0.61	78.78	24.12	8.40	9.41	290.43	6.20
2015	0.57	78.94	25.73	6.33	8.40	248.58	6.55

表4-4　　　2000~2015年天津市工业能源强度及其影响因素等数据

年份	能源强度（吨标准煤/万元）	工业结构（%）	技术进步（万元/人）	能源消费结构（%）	投资结构（%）	能源价格	人均GDP（万元/人）
2000	2.26	65.65	4.05	31.67	36.21	100.00	1.74
2001	2.09	67.95	4.79	31.05	34.15	98.40	1.90
2002	1.94	69.53	5.68	27.25	34.91	100.37	2.14
2003	1.73	72.95	6.31	25.70	34.13	113.52	2.44
2004	1.66	78.38	7.49	23.11	37.78	134.29	2.81
2005	1.45	79.73	8.74	21.29	40.07	165.04	3.18
2006	1.41	82.70	9.88	17.67	42.66	184.68	3.57
2007	1.30	82.58	10.80	17.45	43.49	196.13	3.99
2008	1.17	83.21	12.39	16.37	43.03	251.05	4.45
2009	1.07	82.89	14.78	14.75	44.84	233.73	4.95

续表

年份	能源强度（吨标煤/万元）	工业结构（%）	技术进步（万元/人）	能源消费结构（%）	投资结构（%）	能源价格	人均GDP（万元/人）
2010	1.06	83.70	17.12	12.63	44.84	260.61	5.53
2011	1.01	82.60	19.57	11.59	42.58	295.27	6.14
2012	0.94	80.46	21.70	11.43	35.32	299.10	6.72
2013	0.89	78.52	23.42	11.38	34.04	286.84	7.25
2014	0.83	79.11	26.56	10.36	32.74	278.13	7.70
2015	0.75	77.30	31.66	8.97	33.93	227.14	8.22

表4-5　　　　2000～2015年河北省工业能源强度及其影响因素等数据

年份	能源强度（吨标煤/万元）	工业结构（%）	技术进步（万元/人）	能源消费结构（%）	投资结构（%）	能源价格	人均GDP（万元/人）
2000	2.26	68.78	3.47	49.58	40.46	100.00	0.76
2001	2.19	69.00	3.84	48.91	33.25	103.00	0.82
2002	2.27	70.16	4.25	45.73	35.45	108.88	0.89
2003	2.38	74.91	4.54	41.66	40.17	120.22	0.99
2004	2.36	77.80	4.98	38.70	42.39	140.29	1.12
2005	3.92	78.14	5.46	24.71	47.09	162.32	1.26
2006	3.75	78.76	6.10	22.16	50.40	180.09	1.42
2007	3.55	78.62	6.66	23.64	51.70	189.64	1.59
2008	3.27	79.34	7.21	23.99	53.06	245.52	1.74
2009	3.12	79.82	7.71	23.16	48.04	238.70	1.90
2010	2.76	80.12	8.47	18.89	43.57	270.83	2.10
2011	2.78	80.61	9.23	17.65	45.29	306.11	2.31
2012	2.53	79.47	9.93	18.70	47.52	301.28	2.51
2013	2.24	78.67	10.59	19.36	47.61	285.73	2.70
2014	2.08	77.12	11.11	18.77	49.15	269.13	2.86
2015	1.94	75.18	11.59	19.48	49.82	234.90	3.03

4.2.3　方程拟合

　　因变量符合正态分布，是进行回归分析的前提条件。利用SPSS16.0分别对因变量 $\ln II_1$、$\ln II_2$、$\ln II_3$ 进行正态性检验，结果如表4-6所示。由于样本

数量 $n = 16$ 属于小样本，因此对因变量 $\ln II_1$、$\ln II_2$、$\ln II_3$ 的正态性检验以夏皮罗—威尔克（Shapiro-Wilk）法为依据，统计量为分别为 0.945、0.961、0.925 且显著水平均大于 0.005，因此因变量 $\ln II_1$、$\ln II_2$、$\ln II_3$ 均通过了正态性检验，符合正态分布。

表 4 – 6　　　　　　　　　　　　正态性检验结果

变量	柯尔莫可洛夫 – 斯米洛夫检验（Kolmogorov – Smirnov）			夏皮罗 – 威尔克检验（Shapiro – Wilk）		
	统计量	自由度	显著水平	统计量	自由度	显著水平
$\ln II_1$	0.111	16	0.200	0.945	16	0.420
$\ln II_2$	0.138	16	0.200	0.961	16	0.681
$\ln II_3$	0.184	16	0.152	0.925	16	0.202

分别利用京、津、冀等的相关数据对方程进行拟合时，需要分析工业能源强度、工业结构、技术进步、能源消费结构、投资结构、能源价格、人均 GDP 等变量间的相关关系，如表 4 – 7 ~ 表 4 – 9 所示。

表 4 – 7　　　　　　　　　　相关分析（$i = 1$）

		$\ln II_1$	$\ln IS$	$\ln TP$	$\ln ES$	$\ln FIS$	$\ln EP$	$\ln PGDP$
皮尔逊相关系数	$\ln II_1$	1.000	– 0.716**	– 0.977**	0.760**	0.220	– 0.955**	– 0.990**
	$\ln IS$	– 0.716**	1.000	0.768**	– 0.367	0.234	0.756**	0.787**
	$\ln TP$	– 0.977**	0.768**	1.000	– 0.751**	– 0.192	0.923**	0.981**
	$\ln ES$	0.760**	– 0.367	– 0.751**	1.000	0.337	– 0.573*	– 0.715**
	$\ln FIS$	0.220	0.234	– 0.192	0.337	1.000	– 0.088	– 0.191
	$\ln EP$	– 0.955**	0.756**	0.923**	– 0.573*	– 0.088	1.000	0.961**
	$\ln PGDP$	– 0.990**	0.787**	0.981**	– 0.715**	– 0.191	0.961**	1.000
显著性（双侧）	$\ln II_1$	—	0.002	0.000	0.001	0.413	0.000	0.000
	$\ln IS$	0.002	—	0.001	0.162	0.382	0.000	0.000
	$\ln TP$	0.000	0.001	—	0.001	0.475	0.000	0.000
	$\ln ES$	0.001	0.162	0.001	—	0.202	0.020	0.002
	$\ln FIS$	0.413	0.382	0.475	0.202	—	0.747	0.479
	$\ln EP$	0.000	0.001	0.000	0.020	0.747	—	0.000
	$\ln PGDP$	0.000	0.000	0.000	0.002	0.479	0.000	—

注：* 表示在 0.05 水平上显著相关，** 表示在 0.01 水平上显著相关。

表 4 - 8　　　　　　　　　　　　相关分析（$i=2$）

		lnII_2	lnIS	lnTP	lnES	lnFIS	lnEP	ln$PGDP$
皮尔逊相关系数	lnII_2	1.000	-0.702**	-0.996**	0.991**	-0.067	-0.931**	-0.996**
	lnIS	-0.702**	1.000	0.680**	-0.695**	0.650**	0.824**	0.712**
	lnTP	-0.996**	0.680**	1.000	-0.996**	0.037	0.926**	0.998**
	lnES	0.991**	-0.695**	-0.996**	1.000	-0.087	-0.934**	-0.995**
	lnFIS	-0.067	0.650**	0.037	-0.087	1.000	0.307	0.078
	lnEP	-0.931**	0.824**	0.926**	-0.934**	0.307	1.000	0.947**
	ln$PGDP$	-0.996**	0.712**	0.998**	-0.995**	0.078	0.947**	1.000
显著性（双侧）	lnII_2	—	0.002	0.000	0.000	0.804	0.000	0.000
	lnIS	0.002	—	0.004	0.003	0.006	0.000	0.002
	lnTP	0.000	0.004	—	0.000	0.891	0.000	0.000
	lnES	0.000	0.003	0.000	—	0.750	0.000	0.000
	lnFIS	0.804	0.006	0.891	0.750	—	0.248	0.775
	lnEP	0.000	0.000	0.000	0.000	0.248	—	0.000
	ln$PGDP$	0.000	0.002	0.000	0.000	0.775	0.000	—

注：* 表示在 0.05 水平上显著相关，** 表示在 0.01 水平上显著相关。

表 4 - 9　　　　　　　　　　　　相关分析（$i=3$）

		lnII_3	lnIS	lnTP	lnES	lnFIS	lnEP	ln$PGDP$
皮尔逊相关系数	lnII_3	1.000	0.523*	-0.063	-0.270	0.470	0.146	-0.056
	lnIS	0.523*	1.000	0.699**	-0.832**	0.774**	0.828**	0.701**
	lnTP	-0.063	0.699**	1.000	-0.932**	0.697**	0.949**	0.999**
	lnES	-0.270	-0.832**	-0.932**	1.000	-0.796**	-0.959**	-0.935**
	lnFIS	0.470	0.774**	0.697**	-0.796**	1.000	0.733**	0.710**
	lnEP	0.146	0.828**	0.949**	-0.959**	0.733**	1.000	0.951**
	ln$PGDP$	-0.056	0.701**	0.999**	-0.935**	0.710**	0.951**	1.000
显著性（双侧）	lnII_3	—	0.038	0.817	0.312	0.066	0.590	0.837
	lnIS	0.038	—	0.003	0.000	0.001	0.000	0.002
	lnTP	0.817	0.003	—	0.000	0.003	0.000	0.000
	lnES	0.312	0.000	0.000	—	0.000	0.000	0.000
	lnFIS	0.066	0.001	0.003	0.000	—	0.000	0.000
	lnEP	0.590	0.000	0.000	0.000	0.000	—	0.000
	ln$PGDP$	0.837	0.002	0.000	0.000	0.002	0.000	—

注：* 表示在 0.05 水平上显著相关，** 表示在 0.01 水平上显著相关。

有多个变量间在 0.05 水平上或 0.01 水平上显著相关，利用一般的回归方法得出的结果没有经济意义。由于本章的目的并非预测，而是用于揭示各变量间的内在相互关系，因此对结果的精确度没有过高要求，岭回归方法完全可以满足研究需要。

当 $i = 1$ 时，借助 SPSS16.0 统计软件可分别得到 $\ln IS$、$\ln TP$、$\ln ES$、$\ln FIS$、$\ln EP$、$\ln PGDP$ 等各自变量的岭迹图 $\ln IS$ (K)、$\ln TP$ (K)、$\ln ES$ (K)、$\ln FIS$ (K)、$\ln EP$ (K)、$\ln PGDP$ (K)，如图 4 - 2 所示。

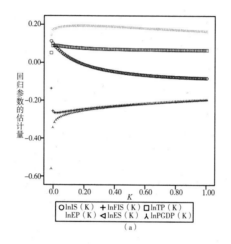

图 4 - 2 各自变量的岭迹图

当 $K = 0.2$ 时，各自变量的岭迹图均开始趋于平稳；方程的决定系数 RSQ 的变化趋势，如图 4 - 3 所示，决定系数下降速度自 $K = 0.2$ 开始趋于平稳。当 $K = 0.2$ 时，岭回归估计结果如表 4 - 10 所示。

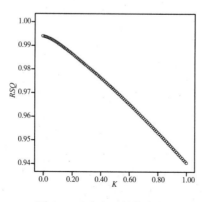

图 4 - 3 决定系数的变化

表 4 – 10　　　　　　　　　岭回归参数估计量（$i = 1$）

变量系数	回归系数	标准化回归系数	t 值
$\ln IS$	– 0.4461	– 0.0479	– 1.2720
$\ln TP$	– 0.2773	– 0.2336	– 8.5274
$\ln ES$	0.2328	0.1613	4.3482
$\ln FIS$	0.1616	0.0465	1.3559
$\ln EP$	– 0.3695	– 0.2966	– 8.9276
$\ln PGDP$	– 0.4341	– 0.2614	– 15.0378
δ	4.3950	0.0000	3.1042

调整后 $R^2 = 0.9763$，说明工业结构、技术进步、能源消费结构、投资结构、能源价格、人均 GDP 等能够较强地解释北京市工业能源强度的变化，$F = 104.0028 > F_{0.05}(6, 8) = 3.58$，在 $\alpha = 0.05$ 水平上（$t_{0.025}(8) = 2.306$），$\ln IS$、$\ln FIS$ 没有通过显著性检验，在 $\alpha = 0.10$ 水平上（$t_{0.05}(8) = 1.860$），$\ln IS$、$\ln FIS$ 同样没有通过显著性检验。因此，删除 $\ln IS$、$\ln FIS$ 重新拟合方程，当 K 取值 0.2 时，各自变量的岭迹线开始趋于平稳，并且决定系数也开始呈现稳定的下降态势，结果如表 4 – 11 所示。

表 4 – 11　　　　　　　调整后岭回归参数估计量（$i = 1$）

变量系数	回归系数	标准化回归系数	t 值
$\ln TP$	– 0.2979	– 0.2510	– 10.2580
$\ln ES$	0.2376	0.1647	5.1026
$\ln EP$	– 0.3711	– 0.2980	– 10.9058
$\ln PGDP$	– 0.4670	– 0.2830	– 15.5083
δ	2.9425		11.0551

调整后 $R^2 = 0.9822$，说明技术进步、能源消费结构、能源价格、人均 GDP 等能够较强地解释北京市工业能源强度的变化，$F = 208.1421 > F_{0.05}(4, 10) = 3.48$，在 $\alpha = 0.05$ 水平上（$t_{0.025}(10) = 2.228$），所有变量均通过显著性检验，可见方程的拟合效果较好，可以据此进一步分析各影响因素对北京市工业能源强的影响机理。

当 $i = 2$ 时，利用 SPSS16.0 统计软件输出的各自变量的岭迹图以及决定系数 RSQ 的变化趋势图如图 4 – 4 和图 4 – 5 所示。

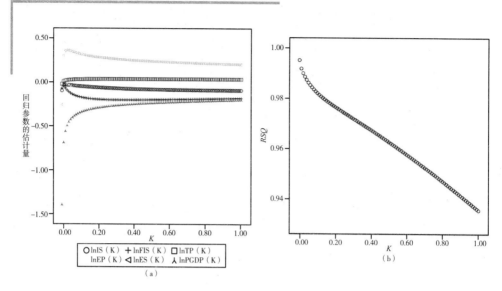

图 4 - 4　各自变量的岭迹图　　　　　图 4 - 5　决定系数的变化

当 K 取值 0.15 时，各自变量的岭迹线开始趋于平稳，并且决定系数也开始呈现稳定的下降态势，结果如表 4 - 12 所示。

表 4 - 12　　　　　　　　　　岭回归参数估计量（$i = 2$）

变量系数	回归系数	标准化回归系数	t 值
lnIS	- 0. 3521	- 0. 0802	- 2. 0067
lnTP	- 0. 1460	- 0. 2732	- 15. 4928
lnES	0. 2066	0. 2477	11. 1404
lnFIS	0. 2013	0. 0684	2. 0022
lnEP	- 0. 1129	- 0. 1381	- 3. 8132
ln$PGDP$	- 0. 1699	- 0. 2563	- 19. 8318
δ	1. 6454		2. 3771

调整后 $R^2 = 0.9800$，说明工业结构、技术进步、能源消费结构、投资结构、能源价格、人均 GDP 等能够较强地解释天津市工业能源强度的变化，$F = 123.5076 > F_{0.05}(6,8) = 3.58$，在 $\alpha = 0.05$ 水平上（$t_{0.025}(8) = 2.306$），lnIS、lnFIS 没有通过显著性检验，在 $\alpha = 0.10$ 水平上（$t_{0.05}(8) = 1.860$），所有变量均通过显著性检验。因此，删除 lnIS、lnFIS 重新拟合方程，当 K 取值 0.15 时，各自变量的岭迹线开始趋于平稳，并且决定系数也开始呈现稳定的下降态

势，结果如表 4 - 13 所示。

表 4 - 13　　　　　　　　调整后岭回归参数估计量（$i = 2$）

变量系数	回归系数	标准化回归系数	t 值
lnTP	- 0. 1577	- 0. 2951	- 15. 3377
lnES	0. 2134	0. 2559	12. 9788
lnEP	- 0. 1113	- 0. 1362	- 3. 5916
ln$PGDP$	- 0. 1835	- 0. 2768	- 19. 9534
δ	0. 8663	—	5. 1157

调整后 $R^2 = 0.9826$，说明技术进步、能源消费结构、能源价格、人均 GDP 等能够较强地解释天津市工业能源强度的变化，$F = 212.9057 > F_{0.05}$（4，10）$= 3.48$，在 $\alpha = 0.05$ 水平上（$t_{0.025}$（10）$= 2.228$），所有变量均通过显著性检验，可见方程的拟合效果较好，可以据此进一步分析各影响因素对天津市工业能源强度的影响机理。

当 $i = 3$ 时，利用 SPSS16.0 统计软件输出的各自变量的岭迹图以及决定系数 RSQ 的变化趋势图如图 4 - 6 和图 4 - 7 所示。当 K 取值 0.1 时，各自变量的岭迹线开始趋于平稳，并且决定系数也开始呈现稳定的下降态势，结果如表 4 - 14 所示。

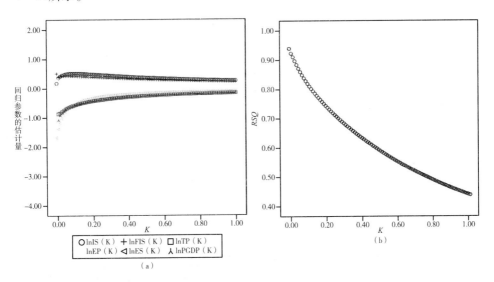

图 4 - 6　各自变量的岭迹图　　　　图 4 - 7　决定系数的变化

表 4 - 14   岭回归参数估计量 （$i=3$）

变量系数	回归系数	标准化回归系数	t 值
$\ln IS$	2. 1231	0. 5138	2. 8428
$\ln TP$	- 0. 3220	- 0. 5764	- 4. 9550
$\ln ES$	- 0. 3104	- 0. 5391	- 2. 8347
$\ln FIS$	0. 6866	0. 4150	2. 3131
$\ln EP$	- 0. 0036	- 0. 0066	- 0. 0383
$\ln PGDP$	- 0. 2724	- 0. 5734	- 5. 3258
δ	- 9. 0742	——	- 2. 8852

调整后 $R^2 = 0.6911$，说明工业结构、技术进步、能源消费结构、投资结构、能源价格、人均 GDP 等能够较强地解释河北省工业能源强度的变化，$F = 6.5926 > F_{0.05}(6,8) = 3.58$，在 $\alpha = 0.05$ 水平上（$t_{0.025}(8) = 2.306$），$\ln EP$ 没有通过显著性检验，在 $\alpha = 0.10$ 水平上（$t_{0.05}(8) = 1.860$），$\ln EP$ 同样没有通过显著性检验。因此，删除 $\ln EP$ 重新拟合方程，当 K 取值 0.1 时，各自变量的岭迹线开始趋于平稳，并且决定系数也开始呈现稳定的下降态势，结果如表 4 - 15 所示。调整后 $R^2 = 0.7221$，说明工业结构、技术进步、能源消费结构、投资结构、人均 GDP 等能够较强地解释天津市工业能源强度的变化，$F = 8.7941 > F_{0.05}(5,9) = 3.48$，在 $\alpha = 0.05$ 水平上（$t_{0.025}(9) = 2.262$），所有变量均通过显著性检验，可见方程的拟合效果较好，可以据此进一步分析各影响因素对河北省工业能源强的影响机理。

表 4 - 15   调整后岭回归参数估计量 （$i=3$）

变量系数	回归系数	标准化回归系数	t 值
$\ln IS$	2. 1167	0. 5123	2. 9919
$\ln TP$	- 0. 3229	- 0. 5781	- 5. 6343
$\ln ES$	- 0. 3094	- 0. 5373	- 3. 0078
$\ln FIS$	0. 6869	0. 4153	2. 4255
$\ln PGDP$	- 0. 2732	- 0. 5752	- 5. 8583
δ	- 9. 0677	——	- 3. 0396

4.3

京津冀工业能源强度影响因素的效应分析

根据公式（3－5），可得到工业结构、技术进步、能源消费结构、投资结构、能源价格、人均 GDP 等各因素对能源强度的总影响效应、直接影响效应和间接影响效应，如表4－16～表4－18所示。由于岭回归方法允许存在部分误差，因此对总影响的分解存在较小的剩余影响是合理的。

4.3.1　北京市工业能源强度影响因素的效应分析

由表4－16可知，技术进步、能源消费结构、能源价格、经济发展等对北京市工业能源强度的影响显著，其中，技术进步、能源价格、经济发展等因素促进了北京市工业能源强度的下降，而能源消费结构（原煤消费比重）主要起抑制作用。

表4－16　　　　北京市各影响因素对工业能源强度的影响效应

自变量	总影响	直接影响	间接影响					剩余影响
			$\ln TP$	$\ln ES$	$\ln EP$	$\ln PGDP$	总间接	
$\ln TP$	－0.977	－0.251	—	－0.124	－0.275	－0.278	－0.677	－0.049
$\ln ES$	0.760	0.165	0.189	—	0.171	0.202	0.562	0.033
$\ln EP$	－0.955	－0.298	－0.232	－0.095		－0.272	－0.599	－0.058
$\ln PGDP$	－0.990	－0.283	－0.246	－0.118	－0.286		－0.650	－0.057

技术进步对北京市工业能源强度下降的总促进效应约为0.977，其中直接促进效应约为0.251，通过能源消费结构、能源价格、经济发展水平等因素的总间接促进效应约为0.677，可见北京市的技术进步不仅直接使得工业增加值的增速快于能源消费增速，而且在一定程度上可以降低工业原煤消费比重，优化工业能源消费结构，有利于能源市场体制的逐步完善，理顺能源价格，并提高经济发展水平。

能源消费结构（原煤消费比重）对北京市工业能源强度的总影响效应约为0.760，其中直接影响效应约为0.165，通过技术进步、能源价格、经济发展水平等因素产生的间接效应之和约为 0.562，说明北京市工业原煤消费的利用效率较低，不利于能源强度的降低，且由于其易得、廉价，在一定程度上会抑制技术进步的动力。

能源价格对北京市工业能源强度的总影响效应约为 - 0.955，其中直接影响效应约为 - 0.298，通过技术进步、能源消费结构、经济发展等因素产生的间接效应之和约为 - 0.599，说明北京市能源价格的提高，可以有效刺激工业企业革新生产工艺，提高节能意识，从而提高能源利用效率，减少工业能源需求，并通过能源替代优化能源消费结构。

北京市经济发展对工业能源强度的总影响效应约为 - 0.990，其中直接影响效应约为 - 0.283，通过技术进步、能源消费结构、能源价格等产生的间接影响效应之和约为 - 0.650。根据钱纳里经济发展的六阶段论，经济发展的跃迁是通过产业结构的演进实现的，随着北京市进入后工业化阶段，工业内部传统工业比重下降，高新技术产业比重上升，服务业内部结构的升级，会大幅度推动技术进步，促进能源消费结构合理化、高效化。

4.3.2 天津市工业能源强度影响因素的效应分析

由表 4 - 17 可知，工业结构、技术进步、能源价格、经济发展等因素是天津市工业能源强度下降的主要促进因素，投资结构起微弱的促进作用，而能源消费结构起主要抑制作用。

表 4 - 17   天津市各影响因素对工业能源强度的影响效应

自变量	总影响	直接影响	间接影响							剩余影响
			$\ln IS$	$\ln TP$	$\ln ES$	$\ln FIS$	$\ln EP$	$\ln PGDP$	总间接	
$\ln IS$	- 0.702	- 0.080	—	- 0.186	- 0.172	0.044	- 0.114	- 0.182	- 0.610	- 0.012
$\ln TP$	- 0.996	- 0.273	- 0.054	—	- 0.247	0.003	- 0.128	- 0.255	- 0.628	- 0.041
$\ln ES$	0.991	0.248	0.056	0.272	—	- 0.006	0.129	0.255	0.650	0.038
$\ln FIS$	- 0.067	0.068	- 0.052	- 0.010	- 0.022	—	- 0.042	- 0.020	- 0.094	0.011
$\ln EP$	- 0.931	- 0.138	- 0.066	- 0.253	- 0.232	0.021	—	- 0.242	- 0.706	- 0.021
$\ln PGDP$	- 0.996	- 0.256	- 0.057	- 0.272	- 0.247	0.005	- 0.131	—	- 0.645	- 0.038

工业结构对天津市工业能源强度的总影响效应约为 - 0.702，直接影响效

应仅约为 -0.080，主要通过技术进步、能源消费结构、能源价格、经济发展等因素对工业能源强度产生间接影响，总间接效应之和约为 -0.610。随着天津市工业化后期阶段特征的不断深化，重工业比重的提高主要表现在利用高新技术改造传统工业，高新技术产业比重的提升使得劳动生产率明显提高，能源消费结构明显改善。

技术进步对天津市工业能源强度的总影响效应约为 -0.996，直接影响效应约为 -0.273，主要通过能源消费结构、能源价格、经济发展等因素产生的间接效应之和约为 -0.628。可见，天津市工业技术进步能源降低工业部门对煤炭的依赖程度，促进能源消费结构的多元化利用，进而推动能源市场体制的完善，使得能源价格合理化。

能源消费结构对天津市工业能源强度的总影响效应约为 0.991，其中直接效应约为 0.248，主要通过技术进步、能源价格、经济发展等因素产生的间接效应之和约为 0.650。可见，天津市工业部门能源消费结构优化，原煤消费比重的下降，油品、天然气、新能源等消费比重的上升，必然会提高平均能源价格，进而推动工业部门提高能源效率。

能源价格对天津市工业能源强度的总影响效应约为 -0.931，其中直接效应仅约为 -0.138，主要通过技术进步、能源消费结构、经济发展等因素产生的间接效应之和约为 -0.706。可见，能源价格的提高，会刺激工业企业通过技术、管理等方式节能，提高能源效率，改变传统用能习惯，优化能源消费结构。

经济发展对天津市工业能源强度的总影响效应约为 -0.996，其中直接效应约为 -0.256，通过技术进步、能源消费结构、能源价格等产生的间接效应约为 -0.645。可见，随着天津市进入工业化后期阶段，传统高耗能工业比重下降，能源消费结构逐步优化，平均能源价格上升，并且劳动生产率明显提升。

4.3.3 河北省工业能源强度影响因素的效应分析

由表 4 - 18 可知，工业结构、投资结构等因素是河北省工业能源强度下降的主要抑制因素，而能源消费结构的促进作用显著，技术进步、经济发展的影响微弱，但其直接促进作用较明显。

工业结构对河北省工业能源强度的总影响效应约为 0.523，其中直接效应约为 0.512，通过技术进步、经济发展等产生的间接促进效应约为 0.807，通过能源消费结构、投资结构等产生的间接抑制效应约为 0.768。考虑到河北省工业化中期阶段特征，重工业化的规模经济效应明显，重工业比重提升可以显著提高劳动生产率和人均 GDP，但同时也会消耗大量化石能源，依赖大量的固定资产投资。

表 4 - 18　　　　　　河北省各影响因素对工业能源强度的影响效应

自变量	总影响	直接影响	间接影响						剩余影响
			$\ln IS$	$\ln TP$	$\ln ES$	$\ln FIS$	$\ln PGDP$	总间接	
$\ln IS$	0.523	0.512	—	− 0.404	0.447	0.321	− 0.403	− 0.039	0.050
$\ln TP$	− 0.063	− 0.578	0.358	—	0.500	0.289	− 0.574	0.573	− 0.057
$\ln ES$	− 0.270	− 0.537	− 0.426	0.539	—	− 0.330	0.538	0.320	− 0.053
$\ln FIS$	0.470	0.415	0.396	− 0.403	0.427	—	− 0.408	0.013	0.042
$\ln PGDP$	− 0.056	− 0.575	0.359	− 0.577	0.502	0.295	—	0.578	− 0.059

技术进步对河北省工业能源强度的直接效应约为 − 0.578，通过经济发展产生的间接效应约为 − 0.574，但总效应仅约为 − 0.063，主要原因在于通过工业结构、能源消费结构、投资结构等因素产生的间接抑制效应约为 1.147。可见，在工业化中期阶段，河北省工业劳动生产率的提高，能够带动重工业的扩张及工业固定投资规模的增加，进而提高人均 GDP，且技术进步降低了原煤消费比重。

能源消费结构对河北省工业能源强度的总影响效应约为 − 0.270，直接影响效应约为 − 0.537，可能的原因在于河北省工业化中期阶段特征使得经济增长对煤炭的依赖性较高，减少煤炭消费比重使得工业增加值下降速度快于能源消费下降速度，反而不利于能源强度下降；通过工业结构和投资结构等因素产生的间接效应约为 − 0.756，通过技术进步、经济发展等因素产生的间接效应约为 1.077。

投资结构对河北省工业能源强度的总影响效应约为 0.470，其中直接效应约为 0.415，通过工业结构和能源消费结构等因素产生的间接效应约为 0.823，通过技术进步、经济发展等因素产生的间接效应约为 − 0.811。可见，工业部门固定资产投资主要流向了重工业部门，固定资产投资蕴含着技术进步，在一定程度上减少了煤炭消费比例，改善了能源消费结构。

4.3.4 京津冀能源强度影响因素的效应差异分析

（1）工业结构对工业能源强度的影响。工业结构对工业能源强度的影响主要取决于所处工业化阶段特征，京、津、冀三地依据工业化进程深入程度由深到浅依次为京、津、冀，工业结构对工业能源强度的影响大小（绝对值）排序依次为冀、津、京，且京、津工业结构对工业能源强度的作用方向与河北省正好相反。主要原因在于经过工业化中期后，工业所占比重整体上在不断下降，但高新技术产业却并没有减少，因此京、津工业结构虽然表现出重工业所占比重较高的情况，但对能源强度的直接影响却不显著；而河北省工业化中期特征明显，传统高耗能行业占重工业比重居高不下，因此重工业比重上升必然带来能源强度的明显上升。

（2）技术进步、经济发展对工业能源强度的影响。技术进步、经济发展对京、津、冀工业能源强度的影响显著，是工业能源强度下降的主要促进因素。根据钱纳里的理论，经济发展水平能够反映产业结构的演进，而技术进步无疑是产业结构演进的主要动因，因此技术进步、工业化进程与经济发展水平是相互促进的。由于高新技术的大量应用，传统工业得到改造，对能源依赖性降低，工业能源强度下降，同时工业劳动生产率得以提高，第三产业成为吸纳劳动力的主要力量，第三产业开始迅速发展并占据主导。

（3）能源消费结构对工业能源强度的影响。能源消费结构对京、津、冀工业能源强度的影响显著，但作用方向却不一致。能源消费结构与京、津工业能源强度呈正相关关系，而与河北省工业能源强度呈负相关关系。一般来说，原煤消费比重较大是高耗能行业所占比重较大的一个重要表现，因此原煤消费比重与能源强度的变化方向保持一致，但可能由于河北省工业对煤炭的依赖过高，使得原煤消费比重的下降反而导致工业能源强度的上升。

（4）投资结构对工业能源强度的影响。根据京、津、冀三地工业化进程情况，工业投资所占比重由低到高依次为京、津、冀，对工业能源强度的影响大小（绝对值）由小到大也依次为京、津、冀。北京市第三产业比重已经占据绝对主导地位，工业投资所占比重较小，投资结构对工业能源强度的影响微弱；天津市刚完成了从工业化中期向后期的过渡，工业投资比重的下降对降低工业能源强度起了微弱的促进作用；河北省正处于工业化中期向后期的过渡阶段，工业投资比重依然较高，工业投资比重的下降意味着高耗能部门比重的下降，必然会促进能源强度的下降。

（5）能源价格对工业能源强度的影响。能源价格对京、津工业能源强度的影响显著，且呈负相关关系，可见能源价格的上升在一定程度上控制了能源强度的上升，但能源价格对河北省工业能源强度的影响微弱，没有起到应有的调节作用。

第5章

京津冀工业协同降耗的路径
分析及其保障措施

由前面可知，京津、津冀间工业部门重合度较高，且河北省与京津的产业梯度落差较大，京、津、冀间没有形成合理有序的分工格局，使得目前京津冀工业能源强度的空间相关性并不显著。但随着京津冀协同发展战略的深入推进，各省市功能定位的引导作用不断加强，政府主导下的产业转移对接将逐渐理顺京津冀产业分工与合作关系，任何一个影响因素不仅会影响到本地区的能源强度，也会影响到其他地区的能源强度，京津冀工业能源强度的空间相关性趋于显著，因此京津冀工业协同降耗势在必行。有鉴于此，本章紧紧围绕京津冀协同发展三大重点间的关系，论证工业协同降耗的必要性，提炼工业协同降耗的路径，并提出有针对性的保障措施。

5.1

京津冀工业协同降耗的必要性分析

根据《京津冀协同发展规划纲要》，交通一体化、生态环境保护和产业对接协作是京津冀协同发展的三个切入点，三者之间又是相互促进、相互影响、相互制约的关系，生态环境协同治理的重点在河北省，河北省当前处于工业化中期，根据环境库兹涅茨曲线，环境污染严重是工业化中期的阶段性特征之一，因此解决河北省环境污染的根本在于加快工业化进程，一方面需要京津与河北间形成产业分工与合作的合理格局，另一方面需要京津向河北转移低污染、低能耗、高效益的产业，协助河北省利用高新技术改造传统产业，实现产业转型升级，而不能一味从自身利益出发保留不符合自身定位的高效益产业；交通一体化是京津冀产业对接协作的重要保障，可以在很大程度上改善京津冀基础设施水平，优化投资环境，有利于市场调控在京津冀产业协同中的作用发挥。

大气污染是困扰京津冀地区生产生活的难题，尤其是雾霾天气严重，其中北京市在 2013 年只有 5 天不是雾霾天，在某一时期的全国十大污染城市中河北省独占 7 个。化石能源消费是我国污染物排放的重要排放源，根据统计，燃煤会排放大量的 SO_2、CO_2、NO_x 和烟尘，分别占我国相应排放总量的 90%、70%、67% 和 70%，是雾霾（主要组成成分包括 SO_2、NO_x 和可吸入颗粒物等）形成的重要来源。北京市目前处于后工业化时期，天津市处于工业化后期，无论是经济发展还是生活消费对能源消费，尤其是煤炭消费的依赖性都达到了较低的水平，空气环境质量仍然较低的原因就在于受到河北省环境污染的影响，河北省工业化进程落后，高污染、高能耗工业占比大，粗放型经济发展方式使得能源消耗大，环境污染严重，因此大气污染联防联控势在必行。节能减排是实现京津冀生态环境治理一体化的重要领域之一。

根据以上分析，京、津的环境质量较好，治理京津冀环境污染的重点在于控制河北的环境污染，那为什么还要京、津参与进来联防联控，协同降耗减排。由于河北省较京、津环境污染严重的主要原因在于工业化进程缓慢，目前仍处于工业化中后期阶段，以冶金、石化、钢铁、建材等重化工业为支柱产业，传统的资源型产业和劳动密集型产业所占比重较高，除了其自身技术进步落后、城市化进程滞后、需求结构层次较低等原因外，还受到北京市作为京津冀区域增长极点的极化效应的影响，尤其是北京市作为中央政府所在地，河北省为保证首都功能的稳定发挥，放弃了部分经济利益，因此如果没有京、津生产要素向河北省的扩散，没有京、津真正发挥带动作用，河北省很难在兼顾经济效益的同时，从根本上完成节能减排任务。另外，天津市刚刚进入工业化后期阶段，工业化中期特征还有残留，仍然存在一部分低度加工型工业，能源消耗较大，也是京津冀工业协同降耗的重要治理内容。

根据钱纳里对经济阶段特征的描述，在工业化初期，随着产业结构由以农业、轻工业为主向以基础重工业为主的转变，化工、冶金、电力等高耗能部门得到了迅速发展，导致能源消耗绝对量和能源消耗强度快速上升；到了工业化中期，工业重心由基础重工业向深加工工业转变，第三产业逐渐发展，虽然能源消耗绝对量仍在不断上升，但能源消耗强度的变化趋于平缓；工业化后期，第二产业比重不断下降，第三产业持续高速增长并占据支配地位，导致能源消耗强度呈现下降趋势。因此，京津冀工业协同降耗的关键在于加快工业化进程，大力推动产业转型升级。

5.2

京津冀工业协同降耗的路径分析

综上所述，当前京津冀工业协同降耗的主要路径包括京津冀产业协同发展和京津冀生态环境协同治理，如图 5 - 1 所示。

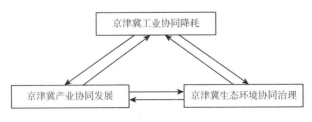

图 5 - 1　京津冀工业协同降耗的路径

5.2.1　京津冀产业协同发展

产业转移的机制包括市场调节和政府主导，其中市场调节基于地区间产业梯度的差异，高梯度地区出于产业结构升级的动机，产生了扬弃传统产业的需求；政府主导基于政府行政规划调整产业布局。京、津、冀间存在显著的梯度差异，当前，北京处于后工业化时期，以服务业和技术、资本密集型制造业为主；天津处于工业化后期，以资本密集型制造业为主；河北处于工业化中期，以劳动密集型、资源加工型工业为主，三地存在产业转移的市场基础，包括北京向天津、河北的产业转移，天津向河北的产业转移。在市场调节为主的产业转移中，京津向河北转移的多为劳动密集型、资源消耗型产业，既为京津发展服务业和高端制造业清理了空间，也在一定程度上推动了河北省经济增长；但也使得河北省与京津间保持了产业级差，这种不协调性带来的影响随着京津冀经济联系的日益密切，在不断恶化，突出表现就是京津冀环境污染严重。京津冀协同发展上升为国家战略后，京津冀各省市的功能定位已经明确，产业转移主要在政府主导下完成。目前，疏解北京非首都核心功能是首要任务，北京具有向天津、河北的转移需求，为承接北京的先进制造业，天津也产生了向河北转移的需求，京津向河北的产业转移须建立在完成传统制造业升级改造的前提下，但即使如此，京津冀间产业梯度仍会存在较大差距，而且京津在转出产业之后，有可能面临着产业链短缺甚至产业空洞的问题，因此产业转移须与产业创新、产业分工与合作同时进行，如图5-2所示。

（1）产业创新。

产业创新是一个社会过程。产业创新的主体是企业和企业家，同时需要大学科研机构、政府等的协作，大学科研机构承担着基础研究与开发的重任，政府要提供政策支持促进知识和信息的高效流动，推动产学研有效结合，而且企业创新的效率很大程度上取决于国家的科技发明和科技进步状况，这就需要政府加强公共部门的开发与研究。京津冀产业创新应重点依托北京和天津丰富的科教资源所聚集的智力、人才、信息、创新等要素，以天津滨海新区国家综合配套改革试验区、自由贸易试验区等政策优势为支撑，利用中关村国家自主创新示范区、天津滨海新区国家级开发区、国家自主创新示范区以及石保廊地区国家级高新技术产业开发区等产学研基地，推动京津冀协同创新共同体的建立，以政策链引导资金链，资金链培育创新链，创新链带动产业链。

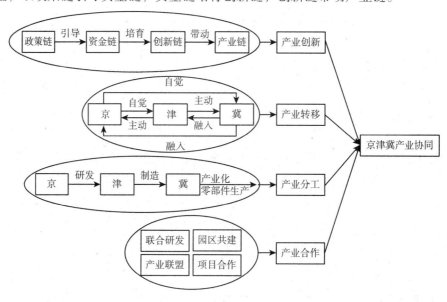

图5-2　京津冀产业协同的内容

（2）产业分工。

由于京津冀间生产力水平、发展条件不同，存在着产业分工的基础，但由于京津、津冀间的产业同质竞争现象较严重，京津冀整体上没有形成有序分工；纲要明确了各省市的功能定位，随着政府主导下的产业转移的深入，京津在产业创新的同时，河北省也会实现产业升级，京津冀产业分工将会呈现新格局，其中北京应依靠丰富的技术、智力、信息等资源，负责研发、设计，成为产业创新的源头；天津应依靠发达的生产性服务业及改革政策优势，成为创新产品的试验和制造基地；河北应依靠丰富的资源，发展配套和零部件生产，成为创新产品的产业化基地。

（3）产业合作。京津冀产业合作的内容和形式包括联合研发、项目合作、园区共建、产业联盟等。联合研发方面，京津的人才、信息、创新、资金等研发优势与河北省的土地、能源、劳动力等成果转化优势相结合；项目合作方面，河北省以石保廊国家级高新技术产业开发区及秦皇岛国家级经济技术开发区等产业聚集优势吸引京津企业直接投资或生产工序、环节的转移；园区共建和产业联盟方面，主要围绕现代商贸物流、高端装备制造、新兴产业等京津冀的共性产业深化合作。

（4）产业转移。京津冀协同发展的首要任务是疏解北京非首都功能，解决北京由于人口和产业聚集过度产生的"大城市病"。北京被定位为"全国政治中心、文化中心、国际交往中心、科技创新中心"，主要疏解与功能定位不符的一般性产业、区域性物流基地、区域性专业市场、部分教育医疗培训机构、部分行政性事业性服务机构和企业总部。功能与产业疏解任务的主体包括政府、企业、人口（劳动力）等。地方政府考虑的是地方利益最大化，如果没有接替产业或接替产业发展缓慢，向外产业转移在短期内会产生经济增速下滑（GDP减少）、财政收入减少、失业等问题，必然导致北京市疏解产业的内在动力不足，即缺少自觉性，向津、冀转移的产业层次较低。企业主要追求经济利益，基于政府干预和自身扩张需求的双重驱动，北京市的企业具有向外迁移的动力，但由于河北省的产业配套体系不健全，短期内无法满足企业的发展目标，必然降低企业转移的积极性或者向京津冀区域外转移。人口在北京聚集的原因除了考虑就业、收入等因素外，还受到医疗、社会保障、教育等优质公共资源的吸引，并且后者的影响力越来越大，因此在当前河北省与北京市社会公共服务供给水平差距较大的情况下，必然产生"业走人留"现象，导致产业疏解不彻底。

经济发展阶段的跃迁是通过产业结构演进来推动的，各阶段并不是截然分开的，处于特定阶段的区域兼有前一阶段和后一阶段的特征。当前，北京市处于后工业化时期，天津市处于工业化后期，河北省处于工业化中后期，天津市介于北京市和河北省之间，一方面积极发展资本密集型和技术密集型制造业，与北京市产业重合度较高；另一方面重化工业仍然占有较大比重，与河北省产业重合度较高，因此京津、津冀间具有一定程度的产业同质化现象，产业竞争较严重。天津市被定位为"全国先进制造研发基地、北方国际航运核心区、金融创新运营示范区、改革开放先行区"，应重点发展先进制造业和现代化生产性服务业等，与北京市的发展重点明显不同，因此京津的产业竞争关系转化为产业合作关系的条件已经具备，关键在于天津市的主动性；但津冀间在制造业发展重心上有待重点梳理。

河北被定位为"全国现代商贸物流重要基地、产业转型升级试验区、新型城镇化与城乡统筹示范区、京津冀生态环境支撑区"。河北省是京津疏解功能的主要承载地，但当前河北省承接京津的劳动密集型和资源消耗型等传统制造业比重较高，承接产业层次较低，主要原因在于一方面出于加快缓解人口、资源、环境、交通等压力需求，京津向外转移的产业多具有高投入、高消耗、高污染、低水平、低效益的特征，而在服务京津的思维定式影响下，河北省也愿意承接这类产业；另一方面主要是河北省与京津的经济落差较大，产业配套能力低下，基础设施不齐全，生产性服务业发展滞后，没有能力承接高新技术产业，难以在京津高端产业分工中发挥重要作用；另外，由于河北省对产业布局缺少统一、鲜明规划，各地级市在承接京津产业转移上出现了不合理竞争，既损害了当地利益，也不利于承接产业的可持续发展，而且各市间有可能出现产业同构现象，进而陷入地方保护主义的泥沼里，缺少产业合理分工，无法形成产业聚集效应，不利于河北省整体经济效益的提升。

京津冀产业转移的内容如图5-3所示。

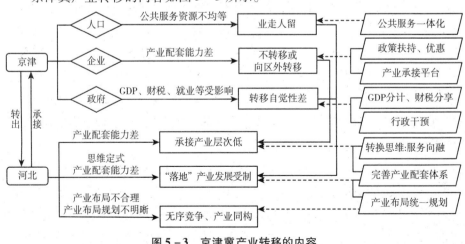

图5-3 京津冀产业转移的内容

5.2.2　京津冀生态环境协同治理

如图 5-4 所示，京津冀生态环境协同治理的重点在河北省，河北省是京津冀生态环境支撑区，同时承担着去产能的重任。河北省高投入、高消耗、高污染、低水平、低效益的经济特征是由工业化中期阶段产业结构特征决定的，因此河北省生态环境治理的关键在于产业结构转型升级。为此河北省一方面要淘汰关停大量"三高两低"企业，必然造成经济增速下滑、财税收入减少、失业等问题；另一方面面临着传统优势产业转型升级的现实紧迫性，需要充足的资金、技术、人才等的支撑。

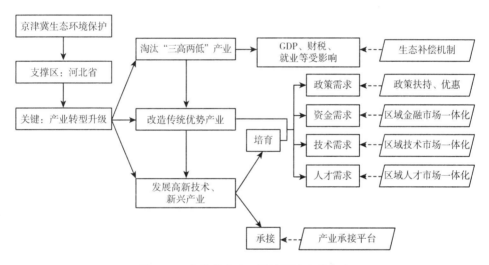

图 5-4　京津冀生态环境协同治理的内容

5.3

京津冀工业协同降耗的保障措施

5.3.1　增强京津产业转出的自觉性

（1）增强京津政府的自觉性。

针对京津政府对于产业转出可能出现的经济增速下滑、财政收入减少、失业等问题的顾虑，一方面应建立京津冀间 GDP 分计、财税分享机制。2015 年财政部和国家税务总局联合印发了《京津冀协同发展产业转移对接企业税收收入分享办法》，就分享税种、企业范围和分享方式做了明确规定，关于 GDP 分计方案也可参考该方法进行设计，即政府主导的京津功能或产业疏解所创造的最终产品和服务的价值在前三年由迁出地和迁入地按照 50%：50% 的比例计入各自地区生产总值内，三年之后按照一定的比率逐年递减，直至不再计入迁出地；建立利益共享机制既可以为迁出地提供充足的时间、财力等基于长远利益进行产业创新，培育适合城市定位的新的经济增长点，也可以促进政府间以迁出功能或产业顺利存活问题为切入点的对话协作，有利于迁出功能或产业的顺利落地和可持续发展。另一方面应建立产业疏解专项基金，给予重大项目过渡。京津向外疏解产业后，必然面临着接续产业的发展，但在接续产业未壮大之前，为避免产业空洞需要国家给予重大项目平稳过渡；京津高新技术产业带的定位对产业创新的需求较高，创新需要大量的智力、资金、信息等资源，且周期较长，因此政府的政策支持、财政补贴、税收优惠等都会极大地促进新兴产业的快速发展。

为避免京津仅从自身利益出发，只是单纯将"三高两低"企业向河北原封不动地迁移，一方面应加强京津冀协同发展领导小组的行政干预。由于在短期内难以从根本上改变地方政府"一亩三分地"的治理思维，只能依靠凌驾于地方政府的京津冀协同发展领导小组统筹规划，从整体利益出发协调地方利益，为产业部门选择最适宜发展的地区，同时为地区选择最需要的产业部门，对于严重偏离《京津冀产业转移指南》及城市功能定位的产业转移应及时制止，并要求京津外迁的传统产业完成一定程度的改造升级；另一方面从京津冀整体层面明确生态环境共建共治目标，建立连带责任制。京津冀产业转移利益共享的同时，能耗、污染等也应共担，才能结成牢固的利益共同体，具体的共担方案，可以与 GDP 分计、财税分享方案一致。

（2）增强京津企业转移的自觉性。

建立京津冀政府间、企业间以及政府与企业间的信息沟通平台，一方面可以切实推进政府间、企业间的实质性合作，另一方面可以掌握各利益主体的诉求，指导企业进行合理布局，对于不符合京津功能定位但符合河北省功能定位且愿意转出的企业，政府指导企业完成升级改造、转移等事宜，对其后续发展给予政策支持；对于不愿意转出的企业，综合运用法律、市场和技术手段，提高生产成本，强化土地、水资源等指标约束，倒逼企业产生转移需求。由于京津冀利益共享机制的建立，对于转出企业的发展，转出地政府仍要提供强有力的支持，并在一定时期内享受转出地的优惠条件。另外，河北省应结合自身发展需求及京津疏解需求，有针对性地建立产业承接平台，提高产业配套能力，尽可能满足转入企业的发展需求，短期内可通过与京津共建工业园区的形式有效承接产业转移，增强吸引力。

（3）增强京津劳动力转移的自觉性。

经济学假定人是有理性的，劳动力转移的主导因素是工资，因此增强员工随企业转移自觉性的重要条件是提高工资，但在企业未达产之前提高员工工资对企业的发展是非常不利的，这就需要政府在一定时期内给予财政补贴或税收优惠，降低企业负担，使企业轻装上阵；另外，员工对教育、医疗、社保、户籍等社会公共服务的需求日益提高，甚至超过了工资的吸引力，京津优越的公共服务资源与河北省形成了强烈落差，也是导致"业走人留"现象的重要原因，这就需要重新配置京津冀的公共服务资源，加强公共服务领域的社会政策对接，促进公共服务一体化，否则就无法从根本上解决京津的"大城市病"。

5.3.2 提升河北省产业协同的融入性

京津向外转移的一般性产业主要是高投入、高消耗、高污染、低水平、低效益产业，如果河北省照单全收，一味地服务京津，失去自身的专业化优势，将会和京津永远保持产业级差，京津冀产业协同的目标将很难完成，因此河北省必须转换思维观念，提升融入性。

（1）明确京津产业转移需求和自身发展需求，建立产业承接"负面清单"，有针对性地建立产业承接平台。

河北省一方面要服从京津冀协同发展的需要，充分发挥人口、交通、资源等地区优势，发展成为"全国现代商贸物流重要基地、产业转型升级试验区、新型城镇化与城乡统筹示范区、京津冀生态环境支撑区"，另一方面要根据自身条件，抓住京津冀协同发展的机遇，积极推动产业转型升级，加快工业化进程。河北省当前仍处于工业化中期阶段，钢铁、石化、建材等重化工业居主导地位，未来的发展重点是在改造提升传统优势产业的基础上，积极发展深加工工业、高新技术产业及现代服务业，因此河北省不应该承接没有经过技术改造的劳动密集型产业、资源消耗型产业及基础重工业等低层次产业，这就要求河北省根据发展规划建立一套科学合理、可操作性强的评估体系，严格限制不符合标准的产业流入。同时，应结合京津产业转移需求，重点打造现代制造业平台、现代农业合作平台、协同创新平台、服务业平台等产业对接合作平台。充分利用保定和石家庄的人口聚集和交通发达的优势，积极承接京津的物流基地和专业市场，建设京保石产业发展带；充分利用沧州渤海新区、唐山曹妃甸工业区的区位优势和政策优势，加强与天津滨海新区在装备制造、港口物流、航空航天、海洋经济等领域的合作，建设滨海发展带；充分利用唐山和秦皇岛的自然资源、港口交通、产业基础等，与京津在装备制造、电力工业等领域开展合作，建设京唐秦产业带。

（2）提升产业配套能力，利用政策优惠、聚集效应等吸引京津先进制造业、高新技术产业、新兴产业等。

产业配套能力是指以主导产业为主体的产业结构合理性，包括为主导产业提供原材料的后向关联产业、利用主导产业产品进行深加工的前向关联产业和为主导产业提供服务的旁侧关联产业，以及基础设施产业等。对于先进制造业、高新技术产业、现代服务业等，河北省后向关联产业提供的原材料质量较低，缺少前向关联产业和生产性服务业，基础设施短缺且水平较低。因此，为提升配套能力，一方面河北省应利用先进技术改造钢铁、石化、建材等传统优势基础重工业，为高铁、汽车等先进制造业提供高质量产品，另一方面通过联合研发、项目合作、园区共建、产业联盟等产业合作形式延伸产业链，大力发展人才培训、金融、保险等生产性服务业，利用 PPP 模式拓宽基础设施投资渠道，通过财政补贴、税收优惠等加大政策支持力度，结合产业发展需要做好高端人才引进工作，利用政策引导资金，改善投资环境。

（3）省级层面制定产业布局规划，根据各市资源优势、政策优势、区位优势等明确各市承接产业的重点，建立相对集中、功能有别、错位发展的产业分工格局。

总体来说，沿海地区应重点承接重化工业和装备制造业，中南部地区应重点承接现代商贸物流产业，西北部地区重点承接农牧加工业，京津周边地区重点承接都市型现代农业及非首都功能疏解。具体而言，石家庄应充分利用人口聚集和交通优势发展成为现代商贸物流基地，唐山应充分利用产业基础、曹妃甸港等发展成为临港经济带，沧州应充分利用欧亚大陆桥新起点的战略区位优势、黄骅港等发展高新技术产业和现代服务业，保定应充分利用邻近京津区位优势和交通条件，承接北京市非首都功能疏解，发展成为低碳经济综合示范区，廊坊应充分利用京津高新技术产业带的区位优势以及北京第二机场、临空经济区等机遇发展高新技术产业，承接北京市非首都功能疏解，秦皇岛应充分利用滨海旅游资源，大力发展休闲、保健康复等产业，张家口和承德作为生态涵养区应主要发展特色农业、休闲旅游等，邢台主要发展新能源产业，衡水主要发展食品加工、商贸物流等，邯郸主要发展先进制造业。

5.3.3　推进生态补偿机制的多元化

生态补偿主要包括恢复或破坏生态系统的成本补偿、经济活动破坏生态系统产生的外部成本内部化、区域保护生态系统的机会成本补偿、保护生态系统的投入。应根据"谁受益，谁付费"的原则建立生态补偿机制，包括补偿主体、对象、形式、标准等。其中，恢复或破坏生态系统的成本补偿、区域保护生态系统的机会成本补偿和保护生态系统的投入的主体主要是地方政府，但地方政府财力有限，因此应加大中央政府的财政支持，建立京津冀生态补偿中心，并引入公益性组织、私人部门参与；外部成本内部化的主体主要是企业，但由于市场机制不成熟，外部成本内部化并没有发挥减少破坏的作用，因此应尽快健全市场机制，包括碳排放权交易市场、排污权交易市场等。由于补偿形式单一化，补偿标准缺乏持续性，对补偿对象没有起到真正的激励作用，生态补偿机制将不能发挥效应，因此应针对不同对象，建立多元化机制，通过项目、资金、技术等多种形式给予补偿，如，河北省为保护京津冀生态环境，关停了大量"三高两低"企业，放弃了很多发展机会，在短期内造成了经济损失，因此京津应通过产业转移给予补偿，中央政府应给予重大项目补偿。

结　论

京津冀协同发展，节能减排是重点突破领域。本书以京津冀能源强度为研究对象，考虑各地区的差异性，探讨京津冀能源强度的空间相关性，揭示工业能源强度变化的主要影响因素，提炼能够激活空间良性互动，缩小地区差异，降低能源强度的有效路径，以期为京津冀生态环境建设一体化提供一些警示作用和决策参考。本书的主要观点和结论主要体现在以下几个方面。

（1）总结了京津冀分行业能源强度演变的时空分异特征，结果显示，北京市第三产业能源消费占比最大，其中交通运输、仓储和邮政业、房地产业、住宿和餐饮业、教育、租赁和商务服务业、批发和零售业等的能源消费较多，主要消耗煤油、电力、柴油、汽油、热力、煤炭等终端能源，而第一产业能源强度最高，其次为工业；天津市和河北省的工业能源消费占比最大，且工业能源强度最高。其中，石油加工、炼焦及核燃料加工业、化学原料及化学制品制造业、非金属矿物制品业、黑色金属冶炼及压延加工业、电力、热力的生产和供应业等在各地区均属于高耗能行业，对煤炭、焦炭、热力、电力等终端能源的消费量较多。石油加工、炼焦及核燃料加工业、化学原料及化学制品制造业、非金属矿物制品业、黑色金属冶炼及压延加工业、电力、热力的生产和供应业、水的生产和供应业是京、津、冀能源强度较高的共同行业；除此之外，造纸和纸制品业、木材加工和木、竹、藤、棕、草制品业是京、冀共同行业，黑金属矿采选业是京、津共同行业，煤炭开采和洗选业、化学纤维制造业是津、冀共同行业。除石油加工、炼焦及核燃料加工业、水的生产和供应业、木材加工和木、竹、藤、棕、草制品业外，河北省重点行业能源强度均高于北京市。2007～2016年，京津冀整体及13个市的工业能源强度总体上呈下降趋势，其中北京市、天津市和沧州市属于工业降耗拉动区，承德、张家口、秦皇岛、唐山、邢台、邯郸等属于工业降耗滞后区，2011年开始廊坊及保定、衡水等由工业降耗中间区先后进入工业降耗拉动区，2012～2016年只有石家庄市属于工业降耗中间区，工业能源强度重心移动轨迹呈不规则的"N"型，2013 年以来明显向东北移动。

（2）通过全局 Moran 指数及其散点图、LISA 集聚图等分析了 2011～2016 年京津冀能源强度的空间相关性。在此基础上，构建了能源强度与其影响因素的固定效应回归模型，结果显示：京津冀市域能源强度的局部空间分布的相似性和差异性并存，且不稳定，使得京津冀能源强度在整体上没有表现出显著的空间相关性。但自 2014 年开始，局部空间分布特征趋于稳定，保定、廊坊和沧州形成了能源强度低值集聚显著区，邢台、邯郸等南部市域属于能源强度高值集聚区，而西北部和东北部市域与中部市域能源强度的差异性较大。京津冀能源强度与产业结构、技术进步、产权安排呈显著的正相关关系，表明第二产业比重的降低，能源使用型技术的减少以及国有经济在重工业领域的适当退出均可以有效降低能源强度；京津冀能源强度与投资、政府调控呈显著的负相关关系，表明加强政府宏观调控力度，增强政策支持，合理引导投资方向可以有效降低能源强度。

（3）通过构建三次产业结构影响能源强度的岭回归模型，并分解三次产业结构间及其与能源强度间的相关系数，揭示三次产业结构对能源强度的影响机理，提炼降低能源强度的路径，结果显示，北京市第一、第二产业比重变动是北京市能源强度下降的抑制因素，第三产业比重变动是促进因素，但降低第一、第二产业比重对进一步降低北京市能源强度的贡献潜力微弱，因此短期内仍可通过降低第二产业比重，提高第三产业比重降低能源强度，但长期内应通过产业内部升级实现技术节能和管理节能，尤其是第三产业内部应向智能化、知识化转变；天津市第一、第二产业比重变动是天津市能源强度下降的抑制因素，第三产业比重变动是促进因素，短期内可通过降低第一、第二产业比重，提高第三产业比重进一步降低能源强度，但长期内应优化工业内部结构，发展先进制造业，利用新技术改造传统工业，大力发展新兴产业和产品；河北省第一产业比重变动是河北省能源强度下降的抑制因素，第二、第三产业比重变动是促进因素，短期内可通过降低第一、第二产业比重，提高第三产业比重进一步降低能源强度，长期内应抓住京津冀协同发展的契机，通过承接京、津产业转移，加快工业化进程，使第三产业在经济中的主导地位显著。京津冀整体的第一、第二产业比重变动是能源强度下降的抑制因素，第三产业比重变动是促进因素，因此应降低第一产业比重，大力发展绿色农业，促进农业现代化；降低第二产业比重，走新型工业化道路，重点发展先进制造业和战略性新兴产业。

（4）利用探索性空间数据分析方法研究了京津冀工业能源强度的空间分布特征，在此基础上构建了京津冀工业能源强度影响因素的综合评价模型，并利用通径分析揭示各因素的影响效应，结果显示，全局角度，2007年以来，京津冀工业能源强度均呈正的自相关性，表现出一定的空间聚集性，且空间自相关性趋于显著。局部角度，2007年以来，唐山从高值被低值包围变为被高值包围，石家庄从高值被低值包围变为低值被低值包围，邢台、承德、邯郸、秦皇岛等始终是高值被高值包围，北京、天津、保定、廊坊、沧州、衡水等始终是低值被低值包围。南部和西北部市域属于高值聚集区，中部市域属于低值聚集区，但只有保定、廊坊和沧州形成了京津冀区域较稳定的工业能源强度低值集聚显著区，而其他市域间工业能源强度的集聚现象不显著。技术进步、经济发展、煤炭消费比重的降低、能源价格的提升是推动京津工业能源强度下降的主要因素，重工业比重的提升以及工业部门固定资产投资比重的提升可降低天津市工业能源强度；受工业化中期阶段特征的影响，重工业比重的提升、工业部门固定资产投资比重的提升以及煤炭消费比重的降低会提高河北省工业能源强度。

（5）随着京津冀协同发展战略的深入推进，各省市功能定位的引导作用不断加强，政府主导下的产业转移对接及生态环境保护将逐渐理顺京津冀产业分工与合作关系，任何一个影响因素不仅会影响到本地区的能源强度，也会影响到其他地区的能源强度，京津冀工业能源强度的空间相关性趋于显著，因此京津冀工业协同降耗势在必行。当前京津冀工业协同降耗的主要路径包括京津冀产业协同发展和京津冀生态环境协同治理，其中产业协同发展包括产业创新、产业分工与合作、产业转移等，针对可能出现的问题，一方面应增强京津政府、企业、劳动力等主体产业转出的自觉性，另一方面应提升河北省产业协同的融入性，还应建立主体、形式、手段等多元化生态补偿机制。

参 考 文 献

[1] 薄文广，陈飞. 京津冀协同发展：挑战与困境 [J]. 南开学报（哲学社会科学版），2015（1）：110 - 118.

[2] 陈安宁. 空间计量学入门与 Geoda 软件应用 [M]. 浙江：浙江大学出版社，2014.

[3] 从屹，王焱. 协同发展、合作治理、困境摆脱与京津冀体制机制创新 [J]. 改革，2014（6）：75 - 81.

[4] 丁翠翠. 我国工业化、城市化对能源消费强度的动态效应与区域差异 [J]. 河北经贸大学学报，2015，36（3）：41 - 48.

[5] 杜家菊，陈志伟. 使用 SPSS 线性回归实现通径分析的方法 [J]. 生物学通报，2010（2）：4 - 6.

[6] 樊茂清，任若恩，陈高才. 技术变化、要素替代和贸易对能源强度影响的实证研究 [J]. 经济学（季刊），2009（1）：237 - 258.

[7] 樊茂清，郑海涛，孙琳琳，等. 能源价格、技术变化和信息化投资对部门能源强度的影响 [J]. 世界经济，2012（5）：22 - 45.

[8] 范德成，张伟. 中国三次产业结构与初次分配结构变动关系的实证研究 [J]. 数理统计与管理，2013（5）：769 - 776.

[9] 冯泰文，孙林岩，何哲. 技术进步对中国能源强度调节效应的实证研究 [J]. 科学学研究，2008（5）：987 - 993.

[10] 高铁梅，王金明，梁云芳，等. 计量经济分析方法与建模 [M]. 北京：清华大学出版社，2009.

[11] 高振宇，王益. 我国生产用能源消费变动的分解分析 [J]. 统计研究，2007，24（3）：52 - 57.

[12] 郭菊娥，柴建，席酉民. 一次能源消费结构变化对我国单 GDP 能耗影响效应研究 [J]. 中国人口·资源与环境，2008，18（4）：38 - 43.

[13] 郭轲, 王立群. 京津冀能源消费与经济增长互动关系追踪 [J]. 城市问题, 2015 (5): 52-59.

[14] 韩楠, 于维洋. 中国工业废气排放的空间特征及其影响因素研究 [J]. 地理科学, 2016, 36 (2): 196-203.

[15] 韩智勇, 魏一鸣, 范英. 单位 GDP 能耗与经济结构变化特征研究 [J]. 数理统计与管理, 2004 (1): 1-7.

[16] 胡莹, 魏晓平, 黄永宝. 外商直接投资、市场化与能源强度 [J]. 首都经济贸易大学学报, 2015 (2): 19-24.

[17] 孔婷, 孙林岩, 何哲. 中国工业能源消耗强度的区域差异 [J]. 资源科学, 2010, 32 (7): 1222-1229.

[18] 李博. 中国能源强度差异与影响因素效应的分解研究 [J]. 软科学, 2015, 29 (5): 130-134.

[19] 李国璋, 王双. 区域能源强度变动: 基于 GFI 的因素分解分析 [J]. 中国人口·资源与环境, 2008, 18 (4): 62-66.

[20] 李健, 肖境, 王庆山. 基于京津冀区域产业梯度转移的碳减排配额研究 [J]. 干旱区资源与环境, 2015, 29 (2): 1-6.

[21] 李金昌, 杨松, 赵楠. 中国能源强度影响因素分析 [J]. 商业经济与管理, 2014 (12): 73-80.

[22] 李力, 王凤. 中国制造业能源强度因素分解研究 [J]. 数量经济技术经济研究, 2008 (10): 66-74.

[23] 李治, 李国平. 我国城市经济增长与能源强度差异研究 [J]. 产业经济研究, 2012 (2): 60-67.

[24] 林伯强, 杜克锐. 理解中国能源强度的变化: 一个综合的分解框架 [J]. 世界经济, 2014 (4): 69-87.

[25] 刘宾. 非首都功能疏解背景下京津冀产业协同发展研究 [J]. 宏观经济管理, 2018 (8): 68-73.

[26] 刘畅, 崔艳红. 中国能源消耗强度区域差异的动态关系比较研究 [J]. 中国工业经济, 2008 (4): 34-43.

[27] 刘畅, 孔宪丽, 高铁梅. 中国能源消耗强度变动机制与价格非对称效应研究 [J]. 中国工业经济, 2009 (3): 59-70.

[28] 刘似臣, 秦泽西. 技术进步对我国能源强度影响的实证分析 [J].

大连理工大学学报（社会科学版），2013，34（4）：48-52.

［29］龙如银，邵天翔. 中国三大经济圈碳生产率差异及影响因素［J］. 资源科学，2015（6）：1249-1257.

［30］马丽梅，张晓. 中国雾霾污染的空间效应及经济、能源结构影响［J］. 中国工业经济，2014（4）：19-31.

［31］宁自军，吴德彪，杨松. 基于 LMDI 模型的浙江省能源强度变动影响因素分析［J］. 统计与信息论坛，2013，28（2）：80-83.

［32］彭璇，祝辉，祝尔娟. 京津冀能源承载力评价与分析［J］. 首都经济贸易大学学报，2015，17（4）：15-22.

［33］齐绍洲，方扬，李锴. FDI 知识溢出效应对中国能源强度的区域性影响［J］. 世界经济研究，2011（11）：69-74.

［34］齐绍洲，李锴. 区域部门经济增长与能源强度差异收敛分析［J］. 经济研究，2010（2）：109-122.

［35］齐绍洲，罗威. 中国地区经济增长与能源消费强度差异分析［J］. 经济研究，2007（7）：74-81.

［36］齐绍洲，王班班. 开放条件下的技术进步、要素替代和中国能源强度分解［J］. 世界经济研究，2013（9）：3-9.

［37］齐绍洲，云波，李锴. 中国经济增长与能源消费强度差异的收敛性及机理分析［J］. 经济研究，2009（4）：56-64.

［38］邱寿丰. 中国能源强度变化的区域影响分析［J］. 数量经济技术经济研究，2008（12）：37-48.

［39］史丹. 我国经济增长过程中能源利用效率的改进［J］. 经济研究，2002（9）：49-56.

［40］宋枫，王丽丽. 中国能源强度变动趋势及省际差异分析［J］. 资源科学，2012，34（1）：13-19.

［41］孙虎，乔标. 京津冀产业协同发展的问题与建议［J］. 中国软科学，2015（7）：68-74.

［42］孙久文. 京津冀协同发展的目标、任务与实施路径［J］. 经济社会体制比较，2016（3）：5-9.

［43］孙久文，叶裕民. 区域经济学教程（第二版）［M］. 北京：中国人民大学出版社，2010.

[44] 孙久文，原倩. 京津冀协同发展战略的比较和演进重点 [J]. 经济社会体制比较，2014（5）：1 – 11.

[45] 孙庆刚，郭菊娥，师博. 中国省域间能源强度空间溢出效应分析 [J]. 中国人口·资源与环境，2013，23（11）：137 – 143.

[46] 唐杰，孟亚强. 效率改善、经济发展和地区差异 [J]. 数量经济技术经济研究，2008（3）：102 – 113.

[47] 田立新，刘晶. 能源强度研究中能源价格影响的实证分析 [J]. 自然资源学报，2010，25（9）：1519 – 1524.

[48] 佟金萍，马剑锋，仇蕾. 中国能源强度变动的分解与影响因素 [J]. 系统工程，2009，27（10）：25 – 31.

[49] 王佳，于维洋. 京津冀区域 C 排放量驱动因子分析 [J]. 统计与决策，2012（1）：114 – 117.

[50] 王军，仲伟周. 中国地区能源强度差异研究 [J]. 产业经济研究，2009（6）：44 – 51.

[51] 王腊芳，段文静，赖明勇，等. 中国制造业节能潜力的区域及行业差异 [J]. 地理研究，2015，34（1）：109 – 121.

[52] 王喜平，孟明，刘剑. 碳排放约束下京津冀都市圈全要素能源效率研究 [J]. 工业技术经济，2013（1）：11 – 19.

[53] 王霞，淳伟德. 我国能源强度变化的影响因素分析及其实证研究 [J]. 统计研究，2010，27（10）：71 – 74.

[54] 王晓，齐晔. 经济结构变化对中国能源消费的影响分析 [J]. 中国人口·资源与环境，2013，23（1）：49 – 54.

[55] 王修华，王翔. 产业结构升级与低碳经济发展的耦合研究 [J]. 软科学，2012，26（3）：29 – 32.

[56] 王铮，刘晓，朱永彬，等. 京、津、冀地区的碳排放趋势估计 [J]. 地理与地理信息科学，2012，28（1）：84 – 89.

[57] 吴巧生. 中国工业化进程中的能源消耗强度变动及影响因素 [J]. 经济理论与经济管理，2010（5）：44 – 50.

[58] 武义青，韩定海. 京津冀碳生产率与经济增长——兼与长三角和珠三角比较 [J]. 经济与管理，2016（3）：5 – 8.

[59] 武义青，赵亚南. 京津冀能源消费、碳排放与经济增长 [J]. 经济

与管理，2014，28（2）：5 - 12.

[60] 薛俭，谢婉林，李常敏. 京津冀大气污染治理省际合作博弈模型
[J]. 系统工程理论与实践，2014，34（3）：810 - 816.

[61] 杨威，王成金，金凤君，等. 中国工业能源消费强度的影响因素研
究［J］. 自然资源学报，2013，28（1）：81 - 91.

[62] 姚愉芳，陈杰，李花菊，等. 结构变化的节能潜力计算的方法论研
究［J］. 数量经济技术经济研究，2007（4）：115 - 123.

[63] 叶翠红，赵玉林. 基于尖点突变模型的中国省域能源强度差异的实
证分析［J］. 中国科技论坛，2014（10）：132 - 137.

[64] 叶素云，叶振宇. FDI 对我国地区能源强度影响的经验研究［J］. 国
际贸易问题，2010（9）：90 - 95.

[65] 张成龙，李继峰，张阿玲等. 1997 - 2007 年中国能源强度变化的因
素分解［J］. 清华大学学报（自然科学版），2013，53（5）：688 - 693.

[66] 张贵，王树强，刘沙，等. 基于产业对接与转移的京津冀协同发展
研究［J］. 经济与管理，2014，28（4）：14 - 20.

[67] 张可云，蔡之兵. 京津冀协同发展历程、制约因素及未来方向
［J］. 河北学刊，2014，34（6）：101 - 105.

[68] 张雷、李艳梅、黄园浙等. 中国结构节能减排的潜力分析［J］. 中
国软科学，2011（2）：42 - 51.

[69] 张敏，张娜，王文. 不同来源地 FDI 对我国能源消费强度的影响
［J］. 西安交通大学学报（社会科学版），2012，32（2）：13 - 18.

[70] 张伟，朱启贵. 基于 LMDI 的我国工业能源强度变动的因素分解
［J］. 管理评论，2012，24（9）：26 - 34.

[71] 张文彤. SPSS11 统计分析教程（高级篇）［M］. 北京：北京希望电
子出版社，2002.

[72] 张艳东，赵涛. 能源强度、工业化与经济梯度的交互冲击响应研究
［J］. 软科学，2014，28（9）：11 - 15.

[73] 张勇军，刘灿，胡宗义. 我国能源消耗强度收敛性区域差异与影响
因素分析［J］. 现代财经（天津财经大学学报），2015（5）：31 - 41.

[74] 张勇，蒲勇健. 产业结构变迁及其对能源强度的影响［J］. 产业经
济研究，2015（2）：15 - 22.

[75] 张宇, 蒋殿春. FDI、环境监管与能源消耗: 基于能耗强度分解的经验检验 [J]. 世界经济, 2013 (3): 103 – 123.

[76] 张珍花, 王鹏. 中国一次能源结构对能源效率的影响 [J]. 统计与决策, 2008 (22): 82 – 83.

[77] 章永洁, 蒋建云, 叶建东, 等. 京津冀农村生活能源消费分析及燃煤减量与替代对策建议 [J]. 中国能源, 2014, 36 (7): 39 – 43.

[78] 赵涛, 时洪功. 能源结构和产业结构对能源强度的冲击效应和贡献度研究 [J]. 干旱区资源与环境, 2013, 27 (12): 1 – 5.

[79] 赵新峰, 袁宗威. 京津冀区域政府间大气污染治理政策协调问题研究 [J]. 中国行政管理, 2014 (11): 18 – 23.

[80] 郑义, 徐康宁. 中国能源强度不断下降的驱动因素 [J]. 经济管理, 2012, 34 (2): 11 – 21.

[81] 中国能源发展战略与政策研究课题组. 中国能源发展战略与政策研究 [M]. 北京: 经济科学出版社, 2004.

[82] 仲伟周, 任炳群, 郭大为, 等. 我国地区能源强度差异的统计特性及政策含义 [J]. 华东经济管理, 2013, 27 (5): 56 – 60.

[83] 周德田, 郭景刚. 能源效率视角下中国能源结构的灰色关联及通径分析 [J]. 中国石油大学学报 (社会科学版), 2013 (1): 6 – 11.

[84] 周国富, 宫丽丽. 京津冀能源消耗的碳足迹及其影响因素分析 [J]. 经济问题, 2014 (8): 27 – 31.

[85] 周勇, 李廉水. 中国能源强度变化的结构与效率因素贡献——基于AWD 的实证分析 [J]. 产业经济研究, 2006 (4): 68 – 74.

[86] 祝合良, 叶堂林, 张贵祥, 等. 京津冀发展报告 (2017) [M]. 北京: 社会科学文献出版社, 2017.

[87] Acharkyya J. FDI, growth and the environment: evidence from India on CO_2 emission during the last two decades [J]. Journal of Economic Development, 2009 (6): 43 – 58.

[88] Ang B W, Liu F L. A new energy decomposition method: Perfect in decomposition and consistent in aggregation [J]. Energy, 2011 (26): 106 – 113.

[89] Appiah M O. Investigating the multivariate Granger causality between en-

ergy consumption, economic growth and CO_2 emissions in Ghana [J]. Energy Policy, 2018 (112): 198 – 208.

[90] Baumol W J, Oates W E. The theory of environmental policy [M]. Cambridge: Cambridge University Press, 1988.

[91] Feng T W, Sun L Y, Zhang Y. The relationship between energy consumption structure, economic structure and energy intensity in China [J]. Energy Policy, 2009, 37 (12): 5475 – 5483.

[92] Fisher-Vandena K, Jeffersonb G H, Liu H M, et al. What is driving China's decline in energy intensity [J]. Resource and Energy Economics, 2003 (26).

[93] Fisher-Vanden K, Jefferson G H, Jingkui M, et al. Technology development and energy productivity in China [J]. Energy Economics, 2006, 28 (5): 690 – 705.

[94] Huble M, Keller A. "Energy saving via FDI? empirical evidence from developing countries" [J]. Environment and Development Economics, 2010, 15 (1): 59.

[95] Jaruwan C, Paitoon W, Atinat B. Decomposition analysis of the change of energy intensity of manufacturing industries in Thailand [J]. Energy, 2014 (77): 171 – 182.

[96] Lidia A, Emilio P. Energy intensity in road freight transport of heavy goods vehicles in Spain [J]. Energy Policy, 2015 (85): 309 – 321.

[97] Ma C B, Stern D I. China's changing energy intensity trend: a decomposition analysis [J]. Energy Economics, 2008 (30): 1037 – 1053.

[98] Mielnik O, Goldemberg J. Foreign direct investment and decoupling between energy and gross domestic product in developing countries [J]. Energy Policy, 2002 (30): 87 – 89.

[99] Philip K A. Asymmetric impacts of the determinants of energy intensity in Nigeria [J]. Energy Economics, 2015 (49): 570 – 580.

[100] Philip K A. Determinants of energy intensity in South Africa: Testing for structural effects in parameters [J]. Energy, 2015 (89): 334 – 346.

[101] Raul J, Jorge M. Energy intensity: A decomposition and counterfactual

exercise for Latin American countries [J]. Energy Economics, 2014 (42): 161 –171.

[102] Reddy B S, Ray B K. Decomposition of energy consumption and energy intensity in Indian manufacturing industries [J]. Energy for Sustainable Development, 2010 (14): 35 –47.

[103] Shahbaz M, Mahalik M K, Shah S H, et al. Time-varying analysis of CO_2 emissions, energy consumption, and economic growth nexus: Statistical experience in next 11 countries [J]. Energy Policy, 2016, 98 (S1): 33 –48.

[104] Wang C. Sources of energy productivity growth and its distribution dynamics in China [J]. Resource and Energy Economics, 2011 (33): 279 –292.

[105] Yu H. Theinfluential factors of China's regional energy intensity and its spatial linkages: 1988 –2007 [J]. Energy Policy, 2012 (45): 583 –593.